deutsch.training 7–10

Mit Online-Materialien!

UMGANG MIT SACHTEXTEN

Arbeitsheft für die Klassen 7–10

Beate Döring
Rita Haller
auf der Grundlage von Materialien
aus deutsch.punkt und deutsch.werk

Ernst Klett Verlag
Stuttgart · Leipzig

INHALT

SCHÄTZE DEINE LERNFORTSCHRITTE SELBST EIN 4

Diese Kapitel habe ich bearbeitet 4
Diese Übungen aus dem Kapitel „Üben und Anwenden" habe ich bearbeitet 5
Zu diesen Themen habe ich eine Materialsammlung angelegt 5
Das kann ich gut 5
Das habe ich gut gelernt 5
Das muss ich noch üben 5

SICH EINEN ÜBERBLICK ÜBER SACHTEXTE VERSCHAFFEN 6

1 Verschiedene Arten von Sachtexten unterscheiden 6
2 Den Informationsgehalt von Sachtexten vergleichen 10

ARBEITSTECHNIKEN UND METHODEN ZUR TEXTERSCHLIESSUNG UND TEXTAUSWERTUNG 14

1 Einen Text überfliegen 14
2 Einen Text erschließen 15
  2.1 Arbeitstechniken zur Texterschließung 15
  2.2 Textinhalte grafisch erschließen 18
3 Arbeitstechniken und Methoden zur Textauswertung 20
  3.1 Ein Précis anfertigen 20
  3.2 Exzerpieren 22
  3.3 Konspektieren 24
  3.4 Kartografieren 26
4 Diskontinuierliche Texte erschließen und auswerten 28
  4.1 Bildmaterial analysieren 28
  4.2 Statistisches Material auswerten 32
  4.3 Diagramme und Schaubilder auswerten 34
5 Prüfe dich selbst 38
6 Kontrolle und Einschätzung, Tipps zur Weiterarbeit 45

WEITERES MATERIAL FÜR EINE MATERIALSAMMLUNG BESCHAFFEN 46

1 Mit Informationsquellen umgehen 46
  1.1 Lexika, Sachbücher und Zeitschriften 46
  1.2 Internetrecherche 50
2 Informationen erfragen 54

DIE MATERIALSAMMLUNG 58

1 Das Thema analysieren und aufschlüsseln 58
2 Texte kommentieren und bewerten 60
3 Prüfe dich selbst 63
4 Kontrolle und Einschätzung, Tipps zur Weiterarbeit 63

ÜBEN UND ANWENDEN 64

ARBEITSTECHNIKEN UND METHODEN ZUR TEXTERSCHLIESSUNG UND TEXTAUSWERTUNG 64

Einen Text erschließen 64

Jedes zweite Kind lebt in Armut 64
Agnes Bretting: Die Reise. Von der Alten in die Neue Welt 65
„Die Stufen des Spracherwerbs" 67
Geld: Wissen im Überblick 68
Geistesgeflecht 70

Arbeitstechniken und Methoden zur Textauswertung 72

Der Markt, die Preise und die Inflation 72
Kaffee – Besser als sein Ruf 74
Unser Gedächtnis 76
Handy-Kosten: Jugendliche in der Schuldenfalle 78
Gold 79

Diskontinuierliche Texte erschließen und auswerten 80

DIE MATERIALSAMMLUNG 90
Das Thema analysieren und aufschlüsseln 90

Kleine Körner, große Wirkung 90
Die Bioaktiven: Gemüse und Obst 90
Besser als Pillen 90
Natur vom Tier 90

Texte kommentieren und bewerten 91

Frauen in China 91
Die Gleichberechtigung der Geschlechter und die Entwicklung der Frauen in China 91
Tibetischer Frauenverband zum neuen Weißbuch „Gleichstellung und Förderung
der Frauen in China" 92

ANHANG 94

Lösungen 94
Textverzeichnis 95
Text- und Bildquellen 96

SCHÄTZE DEINE LERNFORTSCHRITTE SELBST EIN

Diese Kapitel habe ich bearbeitet:

Arbeitstechniken und Methoden zur Texterschließung und Textauswertung

KAPITEL	SEITE	BEARBEITET AM	PRÜFE DICH SELBST ERLEDIGT AM	ÜBEN UND ANWENDEN ERLEDIGT AM
Einen Text überfliegen	14			
Einen Text erschließen • Arbeitstechniken zur Texterschließung • Textinhalte grafisch erschließen	15 15–17 18 f.			
Arbeitstechniken und Methoden zur Textauswertung • Ein Précis anfertigen • Exzerpieren • Konspektieren • Kartografieren	20 20 f. 22 f. 24 f. 26 f.			
Diskontinuierliche Texte erschließen und auswerten • Bildmaterial analysieren • Statistisches Material auswerten • Diagramme und Schaubilder auswerten	28 28–31 32 f. 34–37			

Die Materialsammlung

KAPITEL	SEITE	BEARBEITET AM	PRÜFE DICH SELBST ERLEDIGT AM	ÜBEN UND ANWENDEN ERLEDIGT AM
Das Thema analysieren und aufschlüsseln	58 f.			
Texte kommentieren und bewerten	60–62			

Diese Kapitel habe ich bearbeitet:

KAPITEL	SEITE	BEARBEITET AM
Verschiedene Arten von Sachtexten unterscheiden	6–9	
Den Informationsgehalt von Sachtexten vergleichen	10–13	
Mit Informationsquellen umgehen • Lexika, Sachbücher und Zeitschriften • Internetrecherche	46 46–49 50–53	
Informationen erfragen	54–57	

Diese Übungen aus dem Kapitel „Üben und Anwenden" habe ich bearbeitet:

Arbeitstechniken und Methoden zur Texterschließung und Textauswertung

KAPITEL	SEITE/AUFGABE	BEARBEITET AM
Einen Text erschließen • Arbeitstechniken zur Texterschließung	64–71 64/1; 65/2 66/3–5 67/6, 7	

KAPITEL	SEITE/AUFGABE	BEARBEITET AM
• Textinhalte grafisch erschließen	70/8–11	
	71/12	
Arbeitstechniken und Methoden zur Textauswertung	72–79	
• Ein Précis anfertigen	72 f./1–3	
• Exzerpieren	75/4, 5	
• Konspektieren	77/6–8	
• Kartografieren	78 f./9–12	
Diskontinuierliche Texte erschließen und auswerten	80–89	
• Bildmaterial analysieren	80/1	
	81/2	
	82/3, 4	
	83/5	
	83/6	
• Statistisches Material auswerten	84 f./7–9	
	85/10	
• Diagramme und Schaubilder auswerten	86/11	
	87/12, 13	
	88/14, 15	
	89/16	

Die Materialsammlung

KAPITEL	SEITE/AUFGABE	BEARBEITET AM
Das Thema analysieren und aufschlüsseln	90/1	
Texte kommentieren und bewerten	93/1–4	

Zu diesen Themen habe ich eine Materialsammlung angelegt:

Das kann ich gut:

Das habe ich gut gelernt:

Das muss ich noch üben:

SICH EINEN ÜBERBLICK ÜBER SACHTEXTE VERSCHAFFEN

1 Verschiedene Arten von Sachtexten unterscheiden

Sachtexte kannst du nach ihren **Absichten** unterscheiden:
- **Informierende**, **darstellende** und **anleitende** Sachtexte vermitteln Wissen.
- **Argumentierende** und **appellierende** Sachtexte transportieren Meinungen und wollen überzeugen.
- **Regulative** Sachtexte regeln Handlungen und Verhalten.

Außerdem kannst du Sachtexte nach ihrer Struktur in **kontinuierliche** und **diskontinuierliche** Texte einteilen.

Kontinuierliche Sachtexte	Diskontinuierliche Sachtexte
Fließtexte mit Überschriften, Gliederung in Abschnitte, Hervorhebungen, …	Tabellen, Diagramme, Mindmaps, Schaubilder, …
sachlich informierende Beschreibungen, Anleitungen zu Tätigkeiten, Arbeits- oder Ereignisberichte	veranschaulichen oft komplizierte Sachverhalte und Zusammenhänge

---

1 Etwa 37 Prozent der erwachsenen Männer und 28 Prozent der Frauen in Deutschland rauchen. Bei den 20- bis 24-Jährigen haben Raucher den höchsten Anteil.
Die Hauptstelle für Suchtfragen (DHS) spricht von etwa 5,8 Millionen Nikotinabhängigen mit einem Konsum von täglich mehr als 20 Zigaretten.
Der Drogenbericht 2005 sieht eine rückläufige Raucherquote bei Jugendlichen (20 Prozent).
Eine Studie der Weltgesundheitsorganisation (WHO) nannte deutsche Jugendliche 2004 immer noch „Europameister" im Rauchen.

2
- Dein Körper reagiert sofort auf jede Zigarette. Der Pulsschlag beschleunigt sich, die Atmung wird flacher und der Kreislauf schwächer. Also purer Stress! Das Gefühl der Entspannung, das Raucher oft empfinden, beruht nur auf den nachlassenden Entzugserscheinungen nach den ersten Zügen an der Zigarette.
- Beim Rauchen schadest du deinem Körper mehr als ein Erwachsener, weil der Körper von Heranwachsenden einfach anfälliger ist.
Die Folgen sind extrem hohe Pulsraten, Konditionsprobleme beim Sport und schnelle Kurzatmigkeit bei Belastungen. Da geht dir schon beim Wandertag die Puste aus.

3 Mit diesen Tricks können Sie Ihren Zigarettenkonsum reduzieren:
- Zögern Sie jeden Morgen das Anzünden der „ersten Zigarette" länger hinaus.
- Kaufen Sie Ihre Zigaretten nicht (mehr) auf Vorrat. Kaufen Sie erst dann eine (!) neue Packung, wenn die alte ganz leer ist. […]

4 **Tabak**, Blätter bestimmter Arten der Gattung Tabak, die wegen ihres Nikotingehalts in getrocknetem Zustand geraucht, gekaut oder geschnupft werden. […]
Tabakpflanzen sind vorwiegend auf dem amerikanischen Doppelkontinent heimisch; vermutlich waren die Maya die Ersten, die sie nutzten. Diese brachten den Tabak Indianern Nordamerikas, die ihn für medizinisch wertvoll hielten und in religiösen Zeremonien einsetzten.
Das karibische Volk der Arawak rauchte Tabak, wie Christoph Kolumbus 1492 beobachtete, in einer Tobago genannten Röhre. Diese gab dem Tabak seinen Namen.

5 *Rauchen in der Öffentlichkeit, Tabakwaren*
(1) In Gaststätten, Verkaufsstellen oder sonst in der Öffentlichkeit dürfen Tabakwaren an Kinder und Jugendliche weder abgegeben noch darf ihnen das Rauchen gestattet werden.
(2) In der Öffentlichkeit dürfen Tabakwaren nicht in Automaten angeboten werden. Dies gilt nicht, wenn
  1. ein Automat an einem Kindern und Jugendlichen unter 16 Jahren unzugänglichen Ort aufgestellt ist oder
  2. durch technische Vorrichtungen oder durch ständige Aufsicht sichergestellt ist, dass Kinder und Jugendliche unter 16 Jahren Tabakwaren nicht entnehmen können.

: 1 Benenne die Quellen der folgenden Texte: Welcher Auszug stammt aus dem Jugendschutzgesetz, aus einem Lexikon, aus einer Tageszeitung, aus einem Ratgeber und aus einer Broschüre für Jugendliche?

: 2 Vergleiche die fünf Texte. Halte deine Ergebnisse in Stichworten in der Tabelle fest.

QUELLE	AUSZUG AUS JUGENDSCHUTZGESETZ	AUSZUG AUS LEXIKON	AUSZUG AUS TAGESZEITUNG	AUSZUG AUS RATGEBER	AUSZUG AUS BROSCHÜRE FÜR JUGENDLICHE
THEMA					
KERNINFORMATIONEN					
ABSICHT					
SPRACHE (WORTWAHL UND SATZBAU)					

SICH EINEN ÜBERBLICK ÜBER SACHTEXTE VERSCHAFFEN

Spuren der Migration in Köln

Migration: (Begriff aus der Soziologie) bezeichnet im engeren Sinn den Wechsel der Heimat mit Überschreitung einer Ländergrenze. Das Einwandern in die neue Heimat wird als Immigration bezeichnet, das Auswandern als Emigration.

Das über die Grenzen der Stadt Köln bekannte multikulturelle Leben hatte seine Anfänge in den frühen 1960er Jahren. Seit 1955 warb Deutschland Arbeitskräfte aus Italien an. Es folgten sogenannte Anwerbeabkommen mit Spanien, Griechenland, der Türkei, Marokko, Tunesien und dem ehemaligen Jugoslawien. Die Migranten zogen aus den provisorischen Wohnheimen
5 der 1950er Jahre allmählich in die Kölner Altstadt und die industrienahen Stadtteile Nippes, Mülheim, Ehrenfeld und Kalk. So entstanden die ersten Migrantenviertel. 1962 setzte dieser Niederlassungsprozess in Köln ein – drei Jahre früher als im Bundesdurchschnitt. In der Kölner Altstadt wohnten 1964 über 5300 Migranten, überwiegend Italiener und Spanier. In Nippes dominierte der Anteil der Türken unter den 5200 Ausländern, gefolgt von Italienern und Griechen.
10 Mülheims 3800 Gastarbeiter stammten aus Italien und der Türkei. Ehrenfeld und Kalk waren weitere Stadtteile, in denen sich Arbeitsmigranten niederließen. Es entstanden Einwandererkolonien. Die ausländischen Arbeitnehmer und ihre Familien wurden zu einem bleibenden Bestandteil der Kölner Wohnbevölkerung. Bis 1966 waren 40 000 Arbeitsmigranten in Köln registriert, deren Anzahl bis 1997 auf 187 000 wuchs. Heute bilden sie einen wichtigen Bestand-
15 teil der Kölner Gesellschaft.

Die internationale Migration hat die Entwicklungsgeschichte von Köln und anderen Großstädten in Nordrhein-Westfalen stark beeinflusst und so werden lassen, wie wir sie heute kennen […].

3 Ermittle die wesentlichen Informationen aus dem kontinuierlichen Text und fasse den Inhalt mit eigenen Worten zusammen. Überlege, mit welcher Absicht dieser Sachtext verfasst wurde.

Statistik: Einwohner in den Stadtteilen Kölns 2004

Stadtbezirk	Einwohner insgesamt	Ausländer/-innen	
		Zahl	in %
Innenstadt	129 047	22 983	17,8
Rodenkirchen	100 325	13 664	13,6
Lindenthal	139 233	13 740	9,9
Ehrenfeld	102 264	20 469	20,0
Nippes	109 009	20 068	18,4
Chorweiler	83 332	16 027	19,2
Porz	107 437	15 509	14,4
Kalk	107 036	26 327	24,6
Mülheim	144 944	26 728	18,4
Stadt Köln	1 022 627	175 515	17,2

Statistik: Einwohner in den Stadtteilen Kölns 2006

Stadtbezirk	Einwohner insgesamt	Ausländer/-innen	
		Zahl	in %
Innenstadt	129 138	22 853	17,7
Rodenkirchen	101 309	14 396	14,2
Lindenthal	139 507	14 299	10,2
Ehrenfeld	103 205	20 340	19,7
Nippes	109 413	20 238	18,5
Chorweiler	82 161	15 408	18,8
Porz	106 567	15 347	14,4
Kalk	108 146	26 913	24,9
Mülheim	144 720	26 740	18,5
Stadt Köln	1 024 346	176 534	17,2

Quelle: Amt für Stadtentwicklung und Statistik Köln

4 Analysiere die Informationen aus den Tabellen zur Einwohnerzahl in Köln. Orientiere dich an der Arbeitstechnik „Statistisches Material auswerten" auf Seite 32. Halte deine Ergebnisse schriftlich fest. Vergleiche auch mit den Informationen aus dem kontinuierlichen Text „Spuren der Migration in Köln" (Seite 8).

5 Nimm Stellung zu der These „Die internationale Migrationsbewegung hat die Bevölkerung und Entwicklung der Großstädte stark beeinflusst". Nutze dein Wissen zu diesem Thema. Arbeite im Heft.

SICH EINEN ÜBERBLICK ÜBER SACHTEXTE VERSCHAFFEN

2 Den Informationsgehalt von Sachtexten vergleichen

Sachtexte können sich in ihrem **Informationsgehalt** deutlich voneinander unterscheiden.
Der Informationsgehalt ist abhängig von:
- dem **Zusammenhang**, in dem der Text steht (z. B. Lexikon, Tagebuch, Zeitungsartikel)
- den **Adressaten** (z. B. Alter, Adressat mit/ohne Vorkenntnisse, Frageinteresse der möglichen Leser)
- der **Intention** (Wirkungsabsicht)
- den **inhaltlichen** Schwerpunkten
- der verwendeten **Sprache** (sachliche/bildhafte Sprache)

A

Hessische POLIZEI

Wer zur Polizei geht, wählt das spannendste Tätigkeitsfeld überhaupt: Das Leben und das Zusammenleben der Menschen.

Sie erleben und sehen Dinge, die in keinem anderen Beruf auf Sie zukommen.

Jeden Tag neue Situationen, andere Menschen, schnelle Entscheidungen. Immer wieder aufs Neue Psychologe sein, Taktiker, Helfer, Beschützer, Aufklärer und Problemlöser. Kompetent sein, beherrscht sein, intelligent sein, körperlich fit sein.

Sie suchen einen Beruf

Kein anderer Beruf vereint so viele Eigenschaften und fördert so viele Begabungen zu Tage. Deshalb ist der Polizeiberuf etwas Besonderes:

Ein faszinierender Beruf!

1 Wofür wird auf dem Plakat geworben? Welches positive Bild entsteht beim Lesen des Plakats?

Das Werbeplakat hat deine Aufmerksamkeit für den Polizeiberuf geweckt. Doch es enthält wenige Informationen, sondern will eher Neugier beim Leser wecken. Fragen entstehen.

FRAGEN, DIE DER WERBETEXT BEANTWORTET	FRAGEN, DIE DER WERBETEXT NICHT BEANTWORTET
• Welche Tätigkeiten übt ein Polizist aus? Antwort: Helfer, Aufklärer, … Aber: die Frage wird nur in Schlagworten beantwortet → neue Fragen entstehen	• Wie sehen die Tätigkeiten genau aus? Gibt es Beispiele? • Was ist ein Taktiker? • Welche Arbeitszeiten hat ein Polizist?

2 Sammle weitere Fragen, welche dir zum Polizeiberuf einfallen. Ordne sie in der Tabelle.

Während deiner weiteren Recherche über den Polizeiberuf stößt du in der Zeitschrift „Geolino"
auf folgende Reportage.

B

Berufsbild: Polizist

Sabine Kerczynski weiß, dass die Welt nicht rosarot ist. Sie kennt Verbrecher und deren Opfer. Aber sie hat auch gelernt, dass es nicht nur Gut und Böse gibt, sondern jede Menge Dinge dazwischen. Sabine ist Polizistin – aus Leidenschaft.

„Seit ich bei der Polizei bin, sehe ich viele Dinge anders als früher", sagt die 25-Jährige. Und hat auch eine Erklärung dafür: „Wir sind einfach überall. Und zu uns kommt der Obdachlose genauso wie der Superreiche, dem gerade sein dickes Auto gestohlen wurde." Deshalb erleben Polizisten auch Dinge, die andere Menschen nie erleben. Sie helfen Kindern, die von ihren Eltern geschlagen wurden, fangen Diebe und schimpfen Menschen, die zu schnell gefahren sind.

„Ich musste erst lernen, damit umzugehen", gibt Sabine zu und schüttelt die braunen Wuschelhaare. „Was man sieht, lässt einen nicht kalt. Und die Eindrücke, die man sammelt, beeinflussen einen auch nach der Arbeit."

Für Recht und Gesetz interessiert

[…] Die Voraussetzungen für Nachwuchspolizisten sind von Bundesland zu Bundesland unterschiedlich. Wer sich überlegt, zur Polizei zu gehen, sollte sich deshalb beim Einstellungsberater seiner Stadt melden. Der weiß am besten, welche Voraussetzungen die Bewerber haben sollten.

Sabine hat genau das getan und hatte danach erst mal Bammel vor dem Aufnahmetest. Der besteht nicht nur aus Theorie und Praxisteil, die Bewerber müssen auch beweisen, dass sie fit sind. Ausdauer und Kraft werden geprüft. Wer zu früh schlapp macht, hat keine Chance, irgendwann in die grüne Uniform schlüpfen zu dürfen.

Manchmal ganz schön gefährlich

Sabine übte fleißig und wurde prompt genommen. Ihre Eltern fanden das erst einmal gar nicht so toll. Vor allem die Mama hatte Angst um Sabine, schließlich kann der Job bei der Polizei ganz schön gefährlich sein.

Das weiß auch die 25-Jährige. Sie hat es akzeptiert und ist froh, sich so entschieden zu haben. „Polizistin ist genau der richtige Beruf für mich", sagt sie und schwärmt von den vielen Menschen, denen sie begegnet, von der Zusammenarbeit mit den Kollegen und von der spannenden Aufgabe. […]

Ohne Angst geht nichts

Ein bisschen Angst ist trotzdem nicht schlecht. „Sie schärft die Sinne", sagt Sabine. „Wer keine Angst hat, ist bei der Polizei sicher falsch am Platz." Das Herzklopfen gehört dazu, wenn die Polizistin und ihre Kollegen nachts Einbruchhäuser durchsuchen. „Dann kann hinter jeder Ecke einer stehen, der dir Böses will", weiß die Gesetzeshüterin. Sie erinnert sich noch gut an die Nacht, als in der Schule eingebrochen wurde und sie den Dieb zu Fuß verfolgen musste. Es war stockdunkel und der Langfinger rannte ausgerechnet in den Wald. […]

Text von Esther Gusewski

---

3 Markiere im Text mit zwei unterschiedlichen Farben: An welchen Stellen informiert der Text und an welchen Stellen werden Gefühle und Sinne angesprochen?

4 Welche deiner auf Seite 10, Aufgabe 2 gestellten Fragen kannst du mithilfe dieses Textes beantworten? Welche Fragen bleiben offen?

SICH EINEN ÜBERBLICK ÜBER SACHTEXTE VERSCHAFFEN

Schließlich willst du dich auf der Internetseite der Polizei über die Polizeiausbildung informieren. Du hoffst, noch mehr zu erfahren.

C

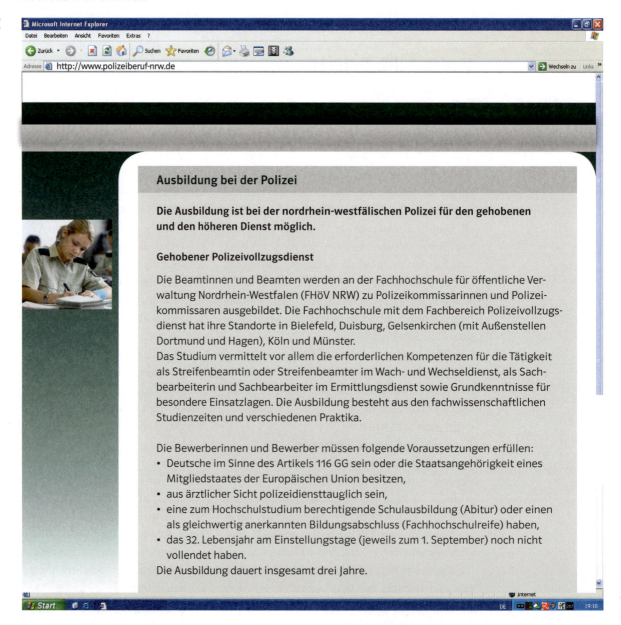

5 Markiere die neuen Informationen, welche du in diesem Text erhältst.

Der Informationsgehalt eines Textes ist zu einem hohen Maß auch abhängig von der Sprache.

DIE SPRACHE DES WERBETEXTES	DIE SPRACHE DER REPORTAGE	DIE SPRACHE DES INFORMATIONSTEXTES
• macht **Andeutungen**: „viel anders" • reiht **Schlagworte** aneinander: „Taktiker, Helfer, Beschützer …" • stellt das **Besondere** (z.B. über Superlative) heraus: „das spannendste Tätigkeitsfeld"	• beschreibt **Erfahrungen** einer Person als Beispiel für den Polizeiberuf • nennt **Gedanken** und **Gefühle** einer Person: „Sabine Kerczynski weiß, dass die Welt nicht rosarot ist". • nutzt wörtliche **Zitate**	• verwendet eine **sachliche Sprache**, ohne persönliche Ansprache oder Personen als Beispiele • drückt sich mit **Fachbegriffen** aus: „den höheren Dienst" • verwendet auch **Begriffe der Rechtssprache**: „im Sinne des Artikels 116 GG"

DIE SPRACHE DES WERBETEXTES	DIE SPRACHE DER REPORTAGE	DIE SPRACHE DES INFORMATIONSTEXTES
Wirkung: Der Text macht neugierig, weckt aber auch Fragen, die (durch andere Informationsquellen) beantwortet werden müssen.	Wirkung: Der Text soll interessant wirken und unterhaltsam sein. Neben Sachinformationen kann man angeregt werden, über die persönlichen Anforderungen, die der Polizeiberuf stellt, nachzudenken.	Wirkung: Der Text dient der reinen Information, vor allem für Personen, die gerne Polizisten werden möchten.

6 Lies die Tabelle. Unterstreiche in den Texten A, B, C (Seite 10, 11, 12) mindestens drei weitere Beispiele für sprachliche Besonderheiten.

Neugierde und Interesse wecken

in der Zeitschrift Geolino

an öffentlichen Orten

kurze, einprägsame Sprache, Einsatz von Superlativen

zufällige Leser, Berufswähler

unterhalten und informieren

Interessierte, die sich genau informieren wollen

konkret informieren

genaue, detailreiche Informationen

Verwendung von Zitaten

sachliche, unpersönliche Sprache, Fachausdrücke, Rechtssprache

Gefühle und Gedanken

Zeitschriftenleser

vor allem das Besondere

auf der Internetseite der Polizei

7 Ordne die Stichworte in die Tabelle ein.

	WERBETEXT A, SEITE 10	REPORTAGE B, SEITE 11	INFORMATIONSTEXT C, SEITE 12
Wo kann man den Text finden? (Quelle)			
Für wen ist er geschrieben? (Adressat)			
Wie unterscheidet sich die Sprache der Texte?			
Welche Absicht hat der Text? (Intention)			
Welche Inhalte bekomme ich in dem einen Text vermittelt, welche die anderen Texte nicht enthalten?			

ARBEITSTECHNIKEN UND METHODEN ZUR TEXTERSCHLIESSUNG UND TEXTAUSWERTUNG

1 Einen Text überfliegen

Beim **überfliegenden Lesen** verschaffst du dir schnell einen Überblick über verschiedene Texte, ohne auf Einzelheiten einzugehen. Dabei liest du **zügig** und **konzentriert**, achtest auf **Zwischenüberschriften** und **Hervorhebungen** und liest den **Anfang** des Textes und/oder einzelner Abschnitte.

Geld [von althochdeutsch *gelt* „Zahlung, Vergütung", heutige Bedeutung seit dem 14. Jh.]: allgemeines Tauschmittel, das durch seine [Aufgabe], gegen alle Waren austauschbar zu sein, in einer arbeitsteiligen Wirtschaft unentbehrlich für die Vermittlung der Tauschakte ist. Diese [Aufgabe] setzt voraus, dass das jeweilige Geld auch allgemein als Zahlungsmittel anerkannt wird. Diese

5 Anerkennung wird durch die Festlegung gesetzlicher **Zahlungsmittel** gesichert. Darüber hinaus [dient] Geld auch **1. als Recheneinheit,** indem die Geldeinheit das gemeinsame Maß ist, in dem alle anderen Güter gemessen werden. Der in Geldeinheiten ausgedrückte Wert ist der Preis, zu dem ein Gut im wirtschaftlichen Verkehr veranschlagt wird. Geld als Recheneinheit gestattet es, die Werte der verschiedensten Güter miteinander zu vergleichen; **2. als Wertspeicherungsmit-**

10 **tel,** da seine allgemeine Anerkennung als Tauschmittel es ermöglicht, mit ihm [...] Werte aufzubewahren. Werte, die durch Geld [vertreten] werden, können zu jedem beliebigen Zeitpunkt verbraucht werden. [...]

Was war vor dem Geld?

Es gab tatsächlich Zeiten, zu denen die Menschen Ware gegen Ware tauschten. Vielleicht eine Axt gegen einen Hirsch oder ein Fell gegen einen Holzkamm. Klar, so war das vor etlichen tausend Jahren in der Steinzeit. Dieser sogenannte Naturaltausch brachte jedoch für die Tauschpartner Schwierigkeiten mit sich. Waren mussten transportiert und die richtigen Tauschpartner

5 gefunden werden. [...] Wegen dieser und vieler anderer Schwierigkeiten des Naturaltauschs – wer legt denn bitte schön fest, dass ein Holzkamm ein Fell wert ist? – erfand man das Naturalgeld. Das waren bestimmte Gewürze, Schmuckgegenstände oder beispielsweise Muscheln. Das erste Geld war erfunden. Der klare Vorteil: Der Wert der Tauschgegenstände war allgemein bekannt und anerkannt. Naturalgeld war in der Regel leicht transportierbar, teilbar und konnte

10 gut aufbewahrt werden. Der Wert zu tauschender Güter konnte durch das Naturalgeld leichter verglichen werden. [...] Bis ins 15. Jahrhundert gab es in Europa den Handel mit Naturalgeld. In wirtschaftlich unsicheren Zeiten wurde auch im Deutschland des 20. Jahrhunderts immer wieder auf Naturalgeld zurückgegriffen. So tauschte man Zigaretten gegen alles, was man damals brauchte. Im Mai 1947 gab es für acht Zigaretten ein Stück Seife. [...] Als Erfinder des „richti-

15 gen" Geldes gelten die Sumerer, die früheren Bewohner Mesopotamiens, des heutigen Irak. Im dritten Jahrtausend vor Christus nahmen sie Metall als Rechnungseinheit, um den Tausch von Gütern zu vereinfachen. Nun konnte man alle Preise vergleichen und in Zahlen ausdrücken, nämlich mit dem Verhältnis zum Metall. Die ältesten Münzen [...] sind ungefähr 2 650 Jahre alt. Sie stammen von den Lydern, die in Kleinasien lebten. Babylonier, Ägypter, Griechen und

20 Römer verfügten ebenfalls über geprägtes Metallgeld.

1 Überfliege beide Texte in einer Minute Lesezeit und notiere das Thema der Texte.

2 Einen Text erschließen

2.1 Arbeitstechniken zur Texterschließung

> Beim **erschließenden Lesen** setzt du dich intensiv mit dem Text auseinander, musst verschiedene Textstellen in Beziehung zueinander setzen und Schlüsse aus dem Gelesenen ziehen.
> Dabei helfen dir verschiedene **Arbeitsschritte und Lesetechniken**, z. B.:
> - **Vorwissen** zum Text aktivieren
> - unbekannte Wörter und unklare Textstellen **klären**
> - **Fragen** an den Text stellen und beantworten
> - mit dem **Stift lesen** (Wichtiges erkennen und Hervorheben durch Unterstreichen, Umkreisen, Markieren, Nummerieren, …)
> - **Sinnabschnitte** im Text erkennen
> - **schriftliche Anmerkungen** machen (Randnotizen, kurze Zusammenfassungen, Zwischenüberschriften zu Sinnabschnitten, …)
> - **Text- und Inhaltsstruktur** erkennen (Strukturwörter)

Kinder und Konsum

Expertin im Studio: Prof. Dr. Edda Müller, Verbraucherzentrale Bundesverband e. V.
Kinder mögen Werbung, vor allem im Fernsehen. Rund zwei Stunden verbringen Kinder und Jugendliche zwischen 6 und 16 Jahren heute im Durchschnitt vor der Flimmerkiste (Quelle: Deutsche Gesellschaft für Ernährung, Ernährungsbericht 2000).

Zwischen Kinderspielshows, Zeichentrick- und Actionserien kämpfen die Hersteller mit ihren Spots hart um Marktanteile für Lebensmittel bzw. Süßwaren, Spielzeug, CDs und trendige Markenartikel. Die Werbebotschaften verfehlen nicht ihr Ziel: Untersuchungen und Studien belegen, dass die Kaufwünsche der Kinder werbegeprägt sind.

Die Heranwachsenden gelten mittlerweile als Konsum- und Markenprofis. Die Wirtschaft freut das, zumal die Sprösslinge im Besitz beachtlicher finanzieller Mittel sind. Laut Kids-Verbraucher-Analyse (KVA) 2003 verfügen die etwa 11 Millionen Mädchen und Jungen in Deutschland im Alter von 6 bis 19 Jahren jährlich über mehr als 20 Milliarden Euro. Damit dieses Geld zielgerichtet ausgegeben wird, schafft die jugendlich gestylte Werbung ausgeprägte Vorlieben für bestimmte Marken und Produkte und vermeintlich dringende Kaufwünsche.

Verschuldung unter Kindern und Jugendlichen ist mittlerweile keine Seltenheit mehr. Viele Grundschüler leihen sich Geld bei Familie oder Freunden, Jugendliche greifen zu schnellen Bankkrediten – und zurückgezahlt wird immer weniger.

Insbesondere Handys sind oft der Einstieg in die Schuldenfalle, denn sie stehen noch immer ganz oben auf der Wunschliste vieler Kinder und Jugendlicher. Ein bewusster Umgang mit Werbung, die Auseinandersetzung mit dem eigenen Kaufverhalten und eine realistische Einschätzung der eigenen finanziellen Möglichkeiten helfen, Geldprobleme oder Verschuldung zu vermeiden.

http://www.daserste.de/moma/servicebeitrag_dyn~uid,7f3l4gt3vrq90tah~cm.asp

1 Bearbeite den Text mit den verschiedenen Techniken des erschließenden Lesens. Prüfe, welche dieser Techniken besonders geeignet sind.

Eine Million Jugendliche arm

Sachverständiger rechnet mit Dunkelziffer in gleicher Höhe

■ **Berlin** – Die Bundesregierung ist beim Kampf gegen die Kinderarmut bislang erfolglos. Eine Million Heranwachsender unter 18 Jahren sei in Deutschland abhängig von Sozialhilfe, sagte der Vorsitzende der Sachverständigenkommission, Ingo Richter, bei der Vorstellung des elften Kinder- und Jugendberichts. Diese Zahl habe sich seit Jahren nicht verändert. Besonders betroffen sind laut Richter die Kinder Alleinerziehender.

42 Prozent dieser Haushalte leben im Westen in relativer Armut, im Osten sind es 36 Prozent. Bundesfamilienministerin Christine Bergmann (SPD) erklärte, Alleinerziehende seien deshalb Sozialhilfeempfänger, weil sie keine Hilfe bei der Kinderbetreuung hätten und deshalb nicht arbeiten könnten.

Süddeutsche Zeitung vom 31. 01. 2002

Der Fall Daniela

Ein Leben ohne Fahrkarte

Daniela B. ist ein armes Kind. Aber man kann mit Daniela auf dem Handy telefonieren. […] Daniela und ihr Handy gehören zusammen. Daniela ist 14 Jahre alt. Und wie sie so dasitzt, in dem hinteren Raum des Schülerladens in Berlin-Wedding, scheint es unmöglich, die Armut an ihr zu entdecken. […] Was sie trägt, könnte das nicht jede tragen? Rot-schwarz gestreiftes Top, ärmellos. Es steht ihr. […] Ihr Vater hat in einem Kaufhaus gearbeitet. Jetzt ist er arbeitslos. Was ihr Vater bekommt, weiß Daniela genau: Arbeitslosengeld. Und sie weiß auch, wie viel. Danielas Vater bekommt 620 Euro im Monat. Nicht viele Kinder wissen, was ihre Eltern verdienen. Aber Daniela hat sich alles genau gemerkt. Denn aus dieser Rechnung speist sich ihre ganze Empörung. Etwas mehr als 200 Euro braucht ihr Vater für die Miete. Und dann sind da noch so Nebenkosten. Daniela hat das eingesehen. Früher sind arme Kinder erfroren, wenn es kalt wurde, Heizen kostet Geld. […] Am Ende aber, rechnet Daniela, und ihre Oberlippe zittert, bleiben noch 150 Euro für beide. Für einen ganzen Monat. Es klingt, als spreche sie von unermesslichem Reichtum. Und davon, sagt Daniela, kriege ich ganze 15. Die aus ihrer Klasse kriegen fast alle 50 Euro. Man sieht Daniela an, dass sie nicht bereit ist, darüber zu diskutieren. […]

Im Grunde gibt es nur drei Dinge in Danielas Leben: ihr Handy, den Kreuzfahrttraum und das Keyboard im Schülerladen. Nun gut, und jetzt eben den Jungen vom Paketdienst. Trotzdem ist sie jeden Tag, auch in den Ferien, kurz nach acht zu Hause bei ihrem Vater. Das liegt an der BVG. Nach 20 Uhr muss man im Bus vorn einsteigen, da haben Fahrgäste ohne Fahrschein es schwer. Daniela hat kein schlechtes Gewissen, schwarzzufahren. BVG-Fahrscheine sind etwas für Besserverdienende, Menschen mit Fahrscheinen kommen aus einer komplett anderen Welt. Armut ist, was einem die Welt kleiner macht. Armut zieht eine unsichtbare Grenze durch das Leben. Daniela geht wie andere auf der Straße und hat doch zu den meisten Türen keinen Zutritt. Sie kann von ihren 15 Euro Taschengeld nicht wie andere in die Disko gehen, das kostet mindestens fünf. Ihr Mund wird jetzt klein und schmal wie eine Narbe. Auch das ist Armut: Mehr Narben zu haben als andere. Es bedeutet, unempfindlich geworden zu sein an dieser Stelle. Daniela hat schon viele solcher Stellen. Sie klagt nicht, sie steht darüber. […] Früher ist sie manchmal zu ihrer Mutter geflohen, aber bei der lebt schon ihr Bruder, und zwei Kinder waren ihr zu viel. Vielleicht ist das das Schlimmste am Armsein – es ist im Grunde die Erfahrung, zu viel zu sein. Manchmal denkt Daniela, ohne die Enge zu Hause, ohne den Streit ums Geld hätten ihre Eltern es besser miteinander ausgehalten. Also ist Armut auch das: ein Kreislauf, der alles kaputt macht.

Tagesspiegel vom 17. 09. 2003

2 Erkläre im Text „Eine Million Jugendliche arm" den Begriff „relative Armut" und weitere klärungsbedürftige Formulierungen.

3 Unterstreiche im Text „Der Fall Daniela" alle Hinweise auf den Untertitel „Ein Leben ohne Fahrkarte".

4 Beschreibe die finanzielle Situation Danielas und ihres Vaters.

5 Wodurch lässt sich die Aussage „… scheint es unmöglich, die Armut an ihr zu entdecken." (Z. 6 f.) belegen? Markiere entsprechende Textstellen und formuliere anschließend selbstständig.

6 Benenne die Folgen von Armut – im konkreten wie im übertragenen Sinn.

2.2 Textinhalte grafisch erschließen

Um die Informationen aus einem Sachtext anschaulicher zu machen, kannst du diese grafisch anordnen, zum Beispiel als
- **Zahlenstrahl** (bei zeitlichem Verlauf),
- **Flussdiagramm** (bei Ursache-Wirkungs-Zusammenhängen),
- **Mind-Map** (bei gleichwertigen Gruppen mit Oberbegriff),
- **Tabelle** (bei Vergleichen).

Der Kreislauf des Bargeldes

Wenn das Geld gedruckt und geprägt ist, wird es in Deutschland in großen Paketen an die neun Hauptverwaltungen der Deutschen Bundesbank geliefert. Hier und bei den Filialen der Deutschen Bundesbank versorgen sich die Kreditinstitute, also die Banken und Sparkassen, mit Banknoten und Münzen. Von diesen holen sich die Familien das benötigte Bargeld, das zuvor
5 als Lohn oder Gehalt bargeldlos auf ihr Bankkonto überwiesen und als Bankguthaben geführt worden ist. Sie geben dieses Geld im Laufe eines Monats für viele Dinge des täglichen Bedarfs wie Lebensmittel, Kleidung oder Kosmetika aus. So sammelt es sich schließlich in den Kassen der Händler, Handwerker, Verkehrsbetriebe oder der Gastwirte. Von hier aus gelangt das meiste Bargeld wieder zu den Sparkassen und Banken, wo sich auch das Geld befindet, das die Familien
10 zunächst nicht ausgeben, sondern für größere Anschaffungen sparen wollen. Die Banknoten und Münzen verschwinden auf diese Weise wieder aus dem Zahlungsverkehr. Auch die Kreditinstitute behalten das eingezahlte Bargeld nur zu einem kleinen Teil. Was sie nämlich nicht für Auszahlungen brauchen, deponieren sie bei der Deutschen Bundesbank. Innerhalb eines Jahres kehrt so jeder Geldschein durchschnittlich dreimal zur Bundesbank zurück. Der Kreis hat sich
15 geschlossen.

1 Fertige ein Flussdiagramm an, das den Kreislauf des Geldes übersichtlich darstellt.

Das Girokonto

Für kleinere Einkäufe nimmt man in der Regel Bargeld. Man kann aber auch mit einer Karte (Kunden- oder Servicekarte) bargeldlos bezahlen, dafür braucht man aber ein Girokonto bei einer Bank oder einer Sparkasse. Um ein Girokonto zu eröffnen, muss man mindestens 12 Jahre alt sein und die Zustimmung der Eltern haben. Solange man noch nicht 18 Jahre alt ist, darf
5 man nur so viel Geld abheben, wie auf dem Konto drauf ist. Es gibt geringere Zinsen als beim Sparbuch und kostet in der Regel für Jugendliche nichts. Wer eine solche Karte hat, kann mit ihr in vielen Geschäften bezahlen, er kann am Automaten Geld abheben, den Kontostand abfragen und Kontoauszüge drucken lassen. Auch lassen sich über ein derartiges Konto Geldüberweisungen auf andere Konten tätigen und regelmäßige Ein- und Auszahlungen bequem abwickeln.
10 Damit niemand unbefugt die Karte benutzt, bekommt man eine Geheimzahl, die persönliche Identifikationsnummer (PIN), die man bei allen Auszahlungen eingeben muss. […]

Man spricht heute davon, dass das immaterielle Geld, das nur mehr als Eintrag in den Konten der Banken besteht, das stoffliche Geld, die Banknoten und Münzen, immer mehr verdrängen wird. Die technischen Voraussetzungen dazu gibt es schon. Der Anfang wurde 1968 mit der
15 Einführung der ec-Karte gemacht. 1980 wurden die ersten Geldautomaten in Großstädten aufgestellt. Das Neueste ist die aufladbare Geldkarte, bei der man vom eigenen Konto einen Betrag auf die Karte überträgt und dann mit ihr wie mit Bargeld zahlt.

2 Stelle in einer Mind-Map geordnet dar, was der Text über ein Girokonto aussagt.

Weitere Möglichkeiten, an Geld zu kommen: Jobs

Wer unter 15 Jahre alt ist und noch zur Schule geht, darf laut Gesetz nicht arbeiten, denn er gilt als Kind. Ausnahmen sind: Zeitungen austragen, in der Landwirtschaft aushelfen, babysitten, Arbeit beim Film, Theater oder in der Werbung. Und auch das nur maximal zwei Stunden täglich. Denn durch seine Arbeit darf ein Jugendlicher weder seine Gesundheit gefährden noch seinen Schulbesuch behindern. Ausnahmen gibt es auch nicht während der Schulferien.

3 Lege zu den unterstrichenen Begriffen eine Tabelle an und erfasse darin das Jobben innerhalb deiner Klasse. Arbeite im Heft.

3 Arbeitstechniken und Methoden zur Textauswertung

3.1 Ein Précis anfertigen

> Ziel des **Précis** ist, den Inhalt eines Textes zusammenzufassen. Dabei
> - kürzt du den Ausgangstext auf ein **Drittel der Wörter**,
> - formulierst du einen **zusammenhängenden Text**, versuchst aber, den Originaltext so weit wie möglich beizubehalten,
> - arbeitest du am besten am **Computer**.

Schönheitsideale früher und heute

Steinzeit

Antike

Barock

1960

Wer schön sein will, muss leiden – so ein bekanntes Sprichwort. Aber was heißt denn eigentlich schön?

Heute gelten junge, große, schlanke, braun gebrannte, sportliche Menschen als schön, aber ist das immer so gewesen, wie kommen wir zu diesen
5 Schönheitsidealen?

Schon in der Steinzeit galt Dickleibigkeit als Schönheitsideal. Die Fettreserven waren hilfreich, damit die Frau Kinder gebären und aufziehen konnte. Obwohl diese Überlebensfrage im Laufe der Jahrhunderte an Bedeutung verlor, blieben die üppigen Frauen dennoch in Mode.

10 In der griechischen Klassik galt als schön, wenn Körper und Geist harmonisch waren. Das Ziel waren „ausgewogene Proportionen", was aus heutiger Sicht ziemlich stämmig wirkt. Am Ende des Mittelalters, als die Frau wieder unverhüllt in Kunstwerken zu betrachten war, blieben die Formen unübersehbar üppig. Im Barock jedoch kam die Wespentaille in Mode, die durch ein Korsett
15 und die entsprechende Kleidung noch verstärkt wurde. Über Jahrhunderte mussten die Frauen sich in Korsetts quetschen, um diesen Idealen zu entsprechen.

Erst im 20. Jahrhundert änderte sich das Schönheitsideal grundlegend: Was bis dahin das Korsett geleistet hat, musste nun am Körper selbst abgespeckt
20 werden. Zu Anfang waren zwar noch die drallen Dekolletees gefragt, doch schon in den 1920er Jahren kam die erste Schlankheitswelle auf. Während des Ersten Weltkriegs hatten es die Frauen gezwungenermaßen zu einer neuen Selbstständigkeit gebracht, die sie nicht mehr aufgeben wollten. Als äußeres Zeichen dafür schnitten sie sich die Haare ab und strebten eine
25 sehr schlanke, männliche Figur an.

Noch einmal setzten sich anschließend die weiblicheren Formen durch: In der Zeit des Nationalsozialismus wurde die Frau als „Gebärmaschine" gesehen und damit wurden die Frauen wieder rundlicher. In den Entbehrungen der Nachkriegszeit galten ebenfalls die gut genährten Damen als schön. Die
30 Fülle zeugte von Reichtum. Die 1960er Jahre waren mit Marilyn Monroe oder Liz Taylor zunächst das Zeitalter der Frauen mit den langen Beinen, schmaler Taille und großem Busen – bis schließlich das Model Twiggy auf der Bildfläche erschien. Diese knabenhafte, magersüchtige Frau passte in die Zeit der gesellschaftlichen Umwälzung und des Feminismus: Weibliche, mütterliche Formen
35 waren in der Studentenbewegung und der Zeit der Kinderlosigkeit nicht modern.

Ab den 1980er Jahren sollte Frau zwar nach wie vor eine schmale Taille und Hüfte besitzen, doch die Oberweite durfte wieder größer sein. Ein Startschuss nicht nur für Aerobic, Fitness und Diäten, sondern auch für die plastische
40 Chirurgie.

2000

Neben den Schmerzen, die sich moderne Frauen im neuen Jahrtausend durch Entfernung der Körperbehaarung, Auszupfen der Augenbrauen, lang anhaltendes Stehen und Gehen in ungesunden, aber „modernen" Schuhen zufügen, kommt es zu Schädigungen der Wirbelsäule.

Auch heute noch beschränken Schönheitsideale die Freiheit von Frauen und Männern, Mädchen und Jungen. Bleibt die Frage, sind wir denn nicht auch so schön? Warum sollten wir unser Äußeres gewaltsam in eine Form pressen, nur damit wir alle gleich aussehen? Warum leben wir nicht einfach?

(ca. 450 Wörter)

1 Kürze den Text auf ca. 150 Wörter und schreibe ihn ab.

3.2 Exzerpieren

> Das **Exzerpt** (von lat. exzerptus: das Herausgepflückte) spielt im Zeitalter des Kopierers keine so große Rolle mehr. Trotzdem hat es seine Berechtigung, z. B. wenn du ein Buch oder eine Zeitschrift nicht kopieren kannst oder darfst.
> Beim Exzerpieren verkürzt du einen Text auf die **wesentlichen Aussagen**. Stellen, die du später vielleicht **zitieren** möchtest, musst du **wörtlich abschreiben**. Lege dir immer einen Texterschließungsbogen an oder verwende eine Karteikarte.

Claudia Bröll: Hamburger statt Magerquatsch

Nach jahrelangen Kampagnen hatte es der britische Fernsehkoch Jamie Oliver endlich geschafft, dass in britischen Schulen gesünderes Essen serviert wird. Und jetzt machen ihm ausgerechnet diejenigen einen Strich durch die Rechnung, die von dem Gesundheitsprogramm profitieren sollten: die Schüler. Seit sie in den Schulen nicht mehr ihre Lieblingssnacks kaufen können, decken sich viele außerhalb der Schule mit Schokoriegeln und Chips ein.

Die Betreiber von Schulkantinen beklagen schon Umsatzeinbußen und fordern als Ausgleich mehr Geld vom Staat – sonst würden sie die Verträge kündigen. Einige Schulen sollen schon mit Imbissbudenbesitzern Gespräche führen: Die Nachfrage nach den verbannten Gerichten ist so groß, dass sie vielleicht bald vor den Schulen zu haben sind.

Müsliriegel statt Schokolade

Das Schulessen ist ein heißes Thema auf der Insel, seit Oliver in seinen Fernsehsendungen Schulen an den Pranger stellte, die den Kindern nur Fast Food und selten ein warmes Essen servierten. Viele Kinder, die in den Sendungen auftraten, konnten Kartoffeln und Brokkoli nicht benennen. Die Appelle des marketingversierten Kochs fanden nach einer Unterschriftenaktion, an der sich 300 000 Eltern beteiligten, auch bei der Regierung Gehör.

Die Schulen erhalten jetzt mehr Geld vom Staat, wenn sie statt Hamburgern Gemüselasagne anbieten. Fast Food, Süßigkeiten, Cola oder Chips sind vom Speiseplan verbannt. Zum Essen gibt es Brot und Wasser. Mindestens einmal alle drei Wochen bekommen die Kinder ölhaltigen Fisch serviert. Von September nächsten Jahres an muss auch die Schokolade in Automaten Müsliriegeln weichen. Die britische Regierung hofft, auf diese Weise die weitverbreitete Dickleibigkeit unter Jugendlichen einzudämmen. Jeder fünfte Junge und jedes vierte Mädchen auf der Insel kämpft mit Übergewicht.

Fast-Food-Lieferung am Zaun

Doch der Wandel in den Schulkantinen trifft nicht nur unter den Schülern auf wenig Begeisterung, auch einige Eltern protestieren. Zwei Mütter von Schülern der Rawmarsh-Gesamtschule in Rotherham versorgen ihre Kinder und deren Freunde jeden Tag mit „Fish 'n' Chips", Burgern und Cola von einem nahe gelegenen Imbissstand. Schon morgens nehmen sie Bestellungen auf, karren die fettige Kost mittags in einem alten Supermarktwagen zur Schule und reichen sie den begierigen Schülern über den Zaun. Geld verdienen sie damit nicht.

Die Mütter wollen nach eigenem Bekunden nur sicherstellen, dass die Kinder etwas Anständiges zu essen bekommen. Den „übertreuerten mageren Quatsch" in der Schule wolle doch keiner essen: „Es ist alles die Schuld von diesem Jamie Oliver. Er lässt unsere Kinder immer wählerischer werden, wenn es um das Essen geht. Seinen eigenen Kindern kann er ja geben, was er will, aber er sollte akzeptieren, dass andere Eltern anders denken." Der Service kommt gut

Jamie Oliver: Na, keinen Appetit?

Ratloser Jamie Oliver: Kinder wollen lieber Pommes

40 an. Etwa 60 Schüler stehen jeden Mittag am Zaun und warten auf die Fast-Food-Lieferung. Der Schuldirektor zeigt sich ratlos. Er könne nicht verstehen, weshalb Schüler das gesunde, frisch zubereitete Essen in der Schulkantine verschmähten.

Frankfurter Allgemeine Zeitung vom 22. 09. 2006

1 Lege dir einen Texterschließungsbogen oder eine DIN-A5-Karteikarte nach folgendem Muster an. Exzerpiere den Text „Hamburger statt Magerquatsch".

Quelle: Autor, Titel des Buches oder Artikels (und Untertitel).
          Bei Büchern: Auflage, Erscheinungsort und Jahr, Seite (n).
          Bei Zeitschriften: Nummer, Jahrgang, Datum, Seite (n).

Thema:

• *Starkoch Jamie Oliver hat erreicht, dass in britischen Schulen gesundes Essen angeboten wird.*

• *Schüler lehnen es ab, Umsatz in Schulkantinen bricht ein.*

Kommentar:

Querverweis zu anderen Texten:

ARBEITSTECHNIKEN UND METHODEN ZUR TEXTERSCHLIESSUNG UND TEXTAUSWERTUNG

3.3 Konspektieren

> Der **Konspekt** (Stichwortauszug) fasst die **zentralen Informationen** eines Sachtextes mit eigenen Worten zusammen und gibt den **Gedankengang** wieder.
> Wichtige Fachbegriffe und Definitionen werden als Zitate des Originaltextes übernommen.
> Der Aufbau eines Konspekts folgt der Gliederung des Ausgangstextes. Um die Informationen übersichtlich darzustellen, kann man **grafische Mittel** einbeziehen und ein **Schaubild** oder eine **Strukturskizze** erstellen.
> - Du notierst Gedanken und Begriffe übersichtlich (Über- und Unterordnung durch Platzierung zeigen, gleich Wichtiges nebeneinander stellen)
> - Du stellst Bezüge zwischen den Gedanken durch Stichworte dar (Beispiel, Begründung, Ursache, Folge, …)
> - Du stellst logische Beziehungen zwischen den Gedanken grafisch dar (Pfeile, Linien, Rahmen, …)

Grundlagen der Marktwirtschaft

Adam Smith und mit ihm David Ricardo und John Stuart Mill, die wichtigsten klassischen Ökonomen, sind hier nicht stehen geblieben. Sie interessierten sich für den Produktionsprozess und die Faktoren, die das Angebot an Gütern beeinflussen. Wie die individuellen Verhaltensweisen der Verbraucher zustande kamen, erschien ihnen weniger wichtig. Die drei entdeckten das

5 **Gesetz der rückläufigen Erträge**

Wenn alle Produktionsfaktoren (das, was zur Produktion benötigt wird: *Boden*, *Arbeit*, *Kapital*) konstant bleiben bis auf einen, bewirkt die Steigerung dieses einen Faktors um eine Einheit eine Produktionssteigerung, die jedoch von Mal zu Mal geringer ausfällt. Man sagt dann, dass die Grenzproduktivität des entsprechenden Faktors „rückläufig" ist.

10 Ein Beispiel aus dem Alltag: Stell dir eine Stammkneipe vor, in der es immer hoch hergeht. Sie verfügt aber nur über eine begrenzte Anzahl von Tischen und Räumen. (Kapital und Boden stehen also fest.) Ein einzelner Kellner kann, sagen wir, 30 Gäste pro Stunde bedienen; zusammen mit einem zweiten Kellner werden die beiden aber nicht, wie man hoffen könnte, 60, sondern nur 55 Getränke servieren. Warum? Weil der Barkeeper die Bestellungen der beiden

15 Ober nicht mehr so schnell umsetzen kann wie vorher und weil die beiden außerdem aufpassen müssen, dass sie zwischen den Tischen nicht ineinanderrennen. Mit einem dritten Kellner im Bunde wird sich die Sache noch mehr zuspitzen: Zu dritt werden sie nur 75 Gäste bedienen (und nicht 3 mal 30, d. h. 90!).

Mit jedem zusätzlichen Arbeiter sinkt also die Grenzproduktivität (– das
20 heißt die aus der Beschäftigung eines zusätzlichen Angestellten resultierende Produktionssteigerung). Der Ertrag dieses Produktionsprozesses ist *rückläufig*. […] (S. 27–29)

Gesetz des rückläufigen Grenznutzens

Der Nutzen, das heißt die Befriedigung, die der Verbraucher aus bestimmten
25 Gütern oder Dienstleistungen zieht, ist umso größer, je mehr verbraucht wird; diese Steigerung ist aber bei wachsendem Konsum rückläufig. Stehst du immer so auf Schokolade? […] Auf den ersten Riegel Schokolade stürzt du dich und verzehrst ihn voller Genuss; beim zweiten hast du schon keine rechte Lust mehr; und beim dritten musst du dich regelrecht zwingen, es sei denn, du hast seit
30 Ewigkeiten keine Schokolade mehr gegessen. Jedes zusätzliche Stück Schokolade führt zu einer niedrigeren Befriedigung; je mehr du konsumierst, desto geringer dein Grenznutzen, bis hin zum negativen Grenznutzen, wenn wir uns beispielsweise überfressen. […] Das Gesetz des rückläufigen Grenznutzens erhellt ein weiteres grundlegendes Phänomen, nämlich den Wert von Gütern. […] Wasser

* konstant: beständig

24

35 gibt es im Überfluss, Diamanten sind rar. Aufgrund seiner Seltenheit wird ein zusätzlicher Diamantensplitter mehr zu deiner Befriedigung beitragen als jeder zusätzliche Tropfen Wasser (es sei denn, du verdurstest gerade mitten in der Wüste). Deshalb wirst du dem Diamanten auch einen größeren Wert beimessen als dem Wasser. So wird der Wert, und das heißt auch der Grenznutzen von Gütern durch ihre relative Seltenheit bestimmt.

40 **Das Gesetz von Angebot und Nachfrage**
Ausgehend von dieser Bewertungstheorie und dem Gesetz der rückläufigen Erträge, betrachten die Wirtschaftswissenschaftler den freiwilligen Tausch als die effektivste Organisationsform des Wirtschaftslebens. Wir tauschen, weil wir dabei ganz frei in unserer Entscheidung sind und auf unsere Kosten kommen. […] Mithilfe der Preise werden die Märkte im Gleichgewicht gehalten
45 und die vielfältigen Bedürfnisse der einzelnen Individuen aufeinander abgestimmt. Das sind die berühmten „Marktkräfte"[…]. So führt der freiwillige Tausch – über die Preisangleichung auf dem Markt – zu einer „optimalen" wirtschaftlichen Situation […]. Ein Optimum ist es deshalb, weil jeder weitere Tausch, […] automatisch die Situation eines anderen verschlechtern würde. […] Könntest du ein Optimum hinnehmen, dem zufolge ich alles besäße, was ich mir wünsche,
50 während die anderen in bitterer Armut leben müssten? Bestimmt nicht, und du hättest Recht. In diesem Zusammenhang werden wir später noch über die Rolle des Staates reden, der manche Schwächen des Marktes korrigierend ausgleichen soll. (S. 30–32)

: 1 Notiere die wichtigsten Gedanken zu den drei Gesetzen.

! : 2 Wähle eines der Gesetze aus und stelle die Bezüge zwischen den wichtigen Gedanken dar (grafisch oder mit Worten). Arbeite im Heft.

ARBEITSTECHNIKEN UND METHODEN ZUR TEXTERSCHLIESSUNG UND TEXTAUSWERTUNG

3.4 Kartografieren

Die Technik des **Kartografierens** ermöglicht dir, Zusammenhänge zwischen den Schlüsselbegriffen in einem Text deutlich zu machen. Es entsteht eine „Landkarte" über dem Text aus **farbigen Verbindungslinien** und **Markierungen**.

Was war vor dem Geld?

Es gab tatsächlich Zeiten, zu denen die Menschen Ware gegen Ware tauschten. Vielleicht eine Axt gegen einen Hirsch oder ein Fell gegen einen Holzkamm. Klar, so war das vor etlichen tausend Jahren in der Steinzeit. Dieser sogenannte Naturaltausch brachte jedoch für die Tauschpartner Schwierigkeiten mit sich. Waren mussten transportiert und die richtigen Tauschpartner
5 gefunden werden. […] Wegen dieser und vieler anderer Schwierigkeiten des Naturaltauschs – wer legt denn bitte schön fest, dass ein Holzkamm ein Fell wert ist? – erfand man das Naturalgeld. Das waren bestimmte Gewürze, Schmuckgegenstände oder beispielsweise Muscheln. Das erste Geld war erfunden. Der klare Vorteil: Der Wert der Tauschgegenstände war allgemein bekannt und anerkannt. Naturalgeld war in der Regel leicht transportierbar, teilbar und konnte
10 gut aufbewahrt werden. Der Wert zu tauschender Güter konnte durch das Naturalgeld leichter verglichen werden. […] Bis ins 15. Jahrhundert gab es in Europa den Handel mit Naturalgeld. In wirtschaftlich unsicheren Zeiten wurde auch im Deutschland des 20. Jahrhunderts immer wieder auf Naturalgeld zurückgegriffen. So tauschte man Zigaretten gegen alles, was man damals brauchte. Im Mai 1947 gab es für acht Zigaretten ein Stück Seife. […] Als Erfinder des „richti-
15 gen" Geldes gelten die Sumerer, die früheren Bewohner Mesopotamiens, des heutigen Irak. Im dritten Jahrtausend vor Christus nahmen sie Metall als Rechnungseinheit, um den Tausch von Gütern zu vereinfachen. Nun konnte man alle Preise vergleichen und in Zahlen ausdrücken, nämlich mit dem Verhältnis zum Metall. Die ältesten Münzen […] sind ungefähr 2 650 Jahre alt. Sie stammen von den Lydern, die in Kleinasien lebten. Babylonier, Ägypter, Griechen und
20 Römer verfügten ebenfalls über geprägtes Metallgeld. Die Erfindung des Münzgeldes war ein großer Fortschritt für den Handel. Münzen aus Edelmetall besaßen den Vorteil der Wertbeständigkeit gegenüber allen anderen Tauschgegenständen. Aber! Teure Ware – viele Münzen. Totschleppen war beim Kauf teurer Ware angesagt. Also musste etwas Leichteres her. Logo: Geldscheine! […] Marco Polo fand auf seinen Reisen im Jahr 1276 erstmals kaiserlich-chinesische
25 Banknoten aus Papier.

1 Vervollständige die Kartografierung des Textes.

2 Werte den Text aus und ergänze die Tabelle.

ZENTRALE BEGRIFFE	WER? WANN?	VORTEILE	NACHTEILE

26

„Unter dem Motto „Knete – Kohle – Kröten ... Wir reden über Geld" fand die fünfte bundesweite Schuldnerberatung statt. Das Motto lässt uns schon aufhorchen, ist es denn schon nicht mehr üblich, über Geld zu reden? Geld hat man oder nicht – sagt der Volksmund. Offensichtlich muss erst eine Möglichkeit geschaffen werden, die es uns jungen Leuten erlaubt, über unsere Geldsorgen zu reden.

Auch der Schuldnerberatung des Diakonischen Werkes liegt dieses Thema am Herzen.

Bei ihnen melden sich immer mehr Jugendliche, die nicht mehr ein noch aus wissen, wenn die Handy-Rechnungen zu hoch werden und ihnen das Geld ausbleibt. Wie es den Eltern beibringen? Da müssen oft auch die Seelsorger helfen, um den Familienfrieden wieder herzustellen. Aber da alle telefonieren, will keiner zurückstehen. Der Zwang der Gruppe ist für die meisten Jugendlichen ausschlaggebend, mehr Geld auszugeben, als sie haben.

Manchmal werden unvorsichtige Jugendliche auch von Abzockern im Internet, vor allem bei den Klingeltonanbietern, reingelegt. Da hilft dann nur ein Anwalt, um da wieder rauszukommen.

Viele wollen auch unbedingt den Klamottenzwang mitmachen und kaufen sich Designer-Fähnchen, ohne sie sich leisten zu können. Da wird sich bei Mutti Geld geliehen, ohne es zurückzuzahlen. Man will ja schick sein und sexy – vor allem wenn „Fräulein" eigentlich innerlich der Überzeugung ist, dass sie eh hässlich ist. Kleider machen eben auch heute noch Leute!

Die Aktionswoche wendete sich vor allem an Jugendliche, die aus ganz unterschiedlichen Gründen zu Schuldnern werden, wie das Bundesministerium für Familie, Senioren, Frauen und Jugend mitteilte. Fest steht, dass die Anzahl der jugendlichen Schuldner ständig wächst. Die Statistik zeigt alarmierende Zahlen, von 40 % der Jugendlichen ist die Rede, die Geldsorgen hätten. Schuldner würden dann immerhin 20 %.

Sogar die Ministerin, Frau Renate Schmitt, nahm sich die Zeit, zu uns in die Stadt zu kommen, um mit den Jugendlichen persönlich zu sprechen. Das sagt doch schon deutlich, dass man sich auch an höchster Stelle über den Konsumzwang der Jungen Sorgen macht.

Sandra

3 Kartografiere den Text. Gehe von den vier markierten Begriffen aus und stelle Verbindungen her.

4 Fasse die zentralen Aussagen des Textes zusammen.

ARBEITSTECHNIKEN UND METHODEN ZUR TEXTERSCHLIESSUNG UND TEXTAUSWERTUNG

4 Diskontinuierliche Texte erschließen und auswerten

4.1 Bildmaterial analysieren

Bilder sollen Sachverhalte oder Ereignisse dokumentieren, aber auch Gefühle und Stimmungen zum Ausdruck bringen. Sie vermitteln neben Informationen eine bestimmte Absicht des Malers oder Fotografen. Jedes Bild wird nach bestimmten Mustern komponiert, z. B. Bildausschnitt, Bildaufbau, Perspektive, Farbwahl.
Der **Bildausschnitt** kann sich von der Großaufnahme eines Details bis zur Totale (z. B. einer Landschaft) bewegen. Beim **Bildaufbau** kann das Auge des Betrachters durch die Anordnung von Bildelementen in Linien oder Formen wie z. B. Dreieck oder Kreis „geführt" werden. In der Malerei wird mit Hilfe der **Perspektive** der Eindruck von räumlicher Tiefe vermittelt, bei Fotografien wird die Perspektive genutzt, um den Standpunkt des Betrachters zu beschreiben (Normalperspektive, Froschperspektive, Vogelperspektive).

1 Formuliere zu jedem Bild in ein bis zwei Sätzen, wo sie entstanden sein könnten und wie du dir die Menschen vorstellst, die sich an diesen Frühstückstisch setzen.

Bild 1:

Bild 2:

Bild 3:

2 Zeichne in jedem Foto die Hauptlinie(n) oder die Form der Anordnung ein.

3 Vergleiche die Fotos und vervollständige die Tabelle.

	BILD 1	BILD 2	BILD 3
Bildausschnitt und Wirkung			
Perspektive und Wirkung			
Bildaufbau und Wirkung			
Farbwahl und Wirkung			

4 Mit welcher Absicht könnten die Fotos entstanden sein (z. B. Dokumentation, Information, Werbung, …)?

Bild 1:

Bild 2:

Bild 3:

ARBEITSTECHNIKEN UND METHODEN ZUR TEXTERSCHLIESSUNG UND TEXTAUSWERTUNG

Holzschnitt von Erhard Schön: Bauernhochzeit, 1527

Diebold Schilling der Ältere: Gastmahl anlässlich des Zusammentreffens Kaiser Friedrich III. mit Herzog Karl dem Kühnen

5 Zeichne in den beiden Bildern die Hauptlinien ein. Welchen Unterschied kannst du feststellen?

6 Vergleiche die dargestellten Personen und fülle die Tabelle aus.

	BILD 1	BILD 2
Sitzordnung		
Kleidung		
Haltung		
Tischsitten		

30

7 Suche für dieses Foto eine Bildunterschrift.

_____

8 Decke das Bild jeweils so ab, dass nur einer der markierten Ausschnitte sichtbar ist.
Wie könnten dann die Bildunterschriften lauten?

a) _____

b) _____

9 Beschreibe, was du siehst. Überlege, welche Aussagen dahinterstecken und welche Absicht der Cartoonist wohl verfolgt. Notiere vollständige Sätze. Arbeite im Heft.

ARBEITSTECHNIKEN UND METHODEN ZUR TEXTERSCHLIESSUNG UND TEXTAUSWERTUNG

4.2 Statistisches Material auswerten

Eine **Statistik** ist die zahlenmäßige Erfassung von Sachverhalten, z.B. von Einkommen, Ernährungs-
gewohnheiten, Schulabschlüssen, …
Die Zahlen können durch verschiedene Methoden gewonnen werden wie z.B. durch Umfragen,
Erhebungen, Analysen und werden in der Regel in Tabellen veröffentlicht.
Um eine Statistik auszuwerten, musst du dir zuerst einen Überblick über die Tabelle verschaffen:
Erste Informationen enthalten **Überschrift**, **Kopfleiste** und **Randspalte**. Als Nächstes musst du dir
über die **Art der Zahlen** klar werden: Sind es absolute Zahlen (Menge, Größe) oder relative Zahlen
(geben einen Zusammenhang an).
Um mit einer Statistik sinnvoll zu arbeiten, solltest du entweder die Aussage in einem **kurzen Text**
formulieren oder die Statistik in ein **Schaubild** umarbeiten.

	Arme, die von weniger als 1 US-$ pro Tag leben						Arme, die von weniger als 2 US-$ pro Tag leben					
	in Mio.			Anteil in %			in Mio.			Anteil in %		
Region	1990	1999	2015	1990	1999	2015	1990	1999	2015	1990	1999	2015
Ostasien u. Pazifik	486	279	80	30,5	15,6	3,9	1114	897	339	69,7	50,1	16,6
ohne China	110	57	7	24,2	10,6	1,1	295	269	120	64,9	50,2	18,4
Europa u. Zentralasien	6	24	7	1,4	5,1	1,4	31	97	45	6,8	20,3	9,3
Lateinamerika u. Karibik	48	57	47	11,0	11,1	7,5	121	132	117	27,6	26,0	18,9
Naher Osten u. Nordafrika	5	6	8	2,1	2,2	2,1	50	68	62	21,0	23,3	16,0
Südasien	506	488	264	45,0	36,6	15,7	1010	1128	1139	89,8	84,8	68,0
Afrika südlich der Sahara	241	315	404	47,4	49,0	46,0	386	480	618	76,0	74,4	70,4
Welt insgesamt	**1292**	**1169**	**809**	**29,6**	**23,2**	**13,3**	**2712**	**2802**	**2320**	**62,1**	**55,6**	**38,1**
ohne China	917	945	735	28,5	25,0	15,7	1892	2173	2101	58,7	57,5	44,7

1   Untersuche Kopfzeile und Randspalte der Statistik. Formuliere kurz, welche Informationen du aus dieser
Statistik entnehmen kannst.

_____

_____

_____

2   Welche Arten von Zahlen werden verwendet?

_____

3   Die Zahlen sind in den ersten drei Spalten verkürzt dargestellt. Wie viele Nullen musst du anhängen?

_____

32

4 Schreibe die Zahlen der ersten Spalte in der Langform auf.

REGION	1990
Ostasien und Pazifik (ohne China)	
Europa und Zentralasien	
Lateinamerika und Karibik	
Naher Osten und Nordafrika	
Südasien	
Afrika südlich der Sahara	
Welt insgesamt (ohne China)	

5 Notiere in einem Satz, wie „Anteil in Prozent" zu verstehen ist.

6 Formuliere in einem kurzen Text, welche Information du über die Armut in der Welt aus dieser Statistik entnehmen kannst (z. B. Unterschiede in den Regionen, Entwicklung seit 1990 und Prognose bis 2015).

7 Stelle die Entwicklung in Europa in einem Balkendiagramm dar. Entscheide, ob die absolute Zahl oder die Prozentzahl aussagekräftiger ist. Überlege, welche Einheit an der y-Achse sinnvoll ist.

4.3 Diagramme und Schaubilder auswerten

Diagramme und Schaubilder setzen Zahlenverhältnisse und Zusammenhänge visuell um und sind anschaulicher als Tabellen.
Allerdings kann man durch geschickte Darstellung auch Verhältnisse verzerren. Deshalb ist es wichtig, Diagramme und Schaubilder genau zu interpretieren.
Die häufigsten Darstellungsformen:
- **Strukturdiagramm:**
  Es kann verschiedene Aspekte eines Sachverhaltes und ihre Verknüpfung zeigen.
- **Balkendiagramm:**
  Es stellt absolute oder relative Mengen dar und veranschaulicht Rangreihen.
- **Liniendiagramm** oder **Kurvendiagramm:**
  Es ist besonders geeignet, um parallele Entwicklungen darzustellen.
- **Kreisdiagramm:**
  Es kann prozentuale Anteile verdeutlichen.

1 Dieses Strukturdiagramm stellt den Kreislauf des Bargeldes dar. Kläre die Begriffe, verwende dazu ein Lexikon. Untersuche die Bedeutung der Pfeile. Verfasse auf der Grundlage des Diagramms einen kurzen Text mit der Überschrift „Der Kreislauf des Bargeldes".

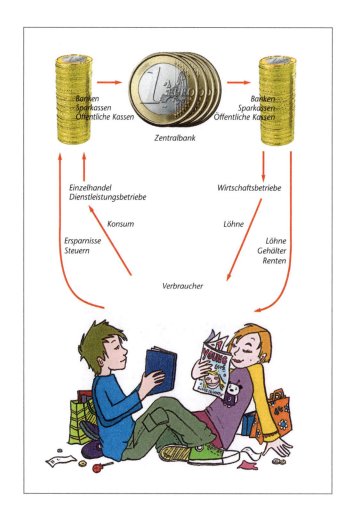

: 2   Werte das Balkendiagramm aus und beantworte die Fragen.

Wo gibt es deutliche Unterschiede
zwischen Mädchen und Jungen?

_____

_____

_____

_____

Die drei wichtigsten Ausgabeposten

bis 9 Jahre: _____

_____

bis 13 Jahre: _____

_____

KidsVerbraucherAnalyse 2005 (Umfrage unter 6- bis 13-Jährigen)

Von 100 Jugendlichen geben Taschengeld aus für ...

	Mädchen		Jungen	
Süßigkeiten	68% / 56%		63% / 58%	
Zeitschriften, Comics	38% / 47%		30% / 44%	
Eis	30% / 35%		29% / 30%	
Getränke	19% / 29%		19% / 36%	
Fast Food	11% / 33%		9% / 33%	
Spielzeug	24% / 17%		27% / 18%	
Handykosten	3% / 31%		3% / 29%	
Kino	6% / 27%		6% / 25%	

6–9 Jahre
10–13 Jahre

Quelle: Egmont Ehapa Verlag

: 3   Fasse in einem Satz zusammen.

Jugendliche geben ihr Geld eher aus für _____ ,

jüngeren Kindern sind _____ wichtiger.

: 4   Kreuze an, ob die Aussagen zum Balkendiagramm richtig oder falsch sind.

	richtig	falsch
a) 6- bis 9-jährige Mädchen geben mehr Geld für Eis aus als gleichaltrige Jungen.	☐	☐
b) 6- bis 9-jährige Jungen investieren gleich viel Taschengeld in Spielzeug wie 10- bis 13-jährige Mädchen in Kinobesuche.	☐	☐
c) Die Handykosten der 6- bis 9-jährigen Mädchen und Jungen sind gleich.	☐	☐
d) 10- bis 13-jährige Mädchen geben weniger Geld für Getränke aus als 6- bis 9-jährige Jungen.	☐	☐
e) 10- bis 13-jährige Jungen geben mehr Geld für Eis aus als für ihr Handy.	☐	☐
f) Die Getränkekosten der 6- bis 9-jährigen Mädchen sind genauso hoch wie die der 10- bis 13-jährigen Jungen.	☐	☐
g) Für Zeitschriften und Comics geben 10- bis 13-jährige Mädchen im Vergleich das meiste Geld aus.	☐	☐

ARBEITSTECHNIKEN UND METHODEN ZUR TEXTERSCHLIESSUNG UND TEXTAUSWERTUNG

✸ **Index:** Anzeiger, Register, Verzeichnis

✸ **2000 = 100:** Der Wert des Jahres 2000 wird als 100 Prozentmarke gesetzt.

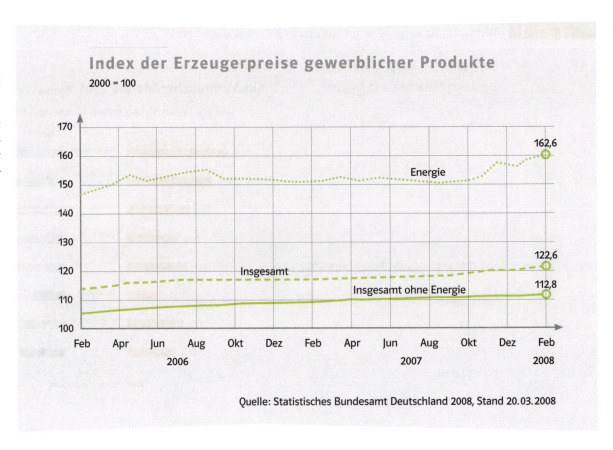

Quelle: Statistisches Bundesamt Deutschland 2008, Stand 20.03.2008

5 Werte das Linien-/Kurvendiagramm aus und beantworte die Fragen.

Was kannst du über die Preissteigerung in Deutschland von 2000 bis 2008 allgemein sagen?

Welche Rolle spielt der Energiepreis für die Preissteigerung?

6 Stelle die Entwicklung des Benzinpreises als Linien-/Kurvendiagramm dar (Literpreis in Cent). Benutze ein DIN-A4-Blatt (kariert). Wähle die Einheiten auf der x- und y-Achse so, dass du dein Diagramm auf einer Seite unterbringst.

1950:	Benzin	28,6	Diesel	17,2
1973:	Benzin	35,3	Diesel	35,8
1988:	Benzin	47,1	Diesel	45,3
1999:	Benzin	84,1	Diesel	63,9
2005:	Benzin	124,3	Diesel	111,5
2008:	Benzin	142,9	Diesel	138,9

7 Werte das Kreisdiagramm in einem zusammenhängenden Text aus. Gehe unter anderem darauf ein, wie viel Geld den Kindern im Monat und im Jahr zur Verfügung steht und wie viel Prozent des Jahreseinkommens gespart wird.

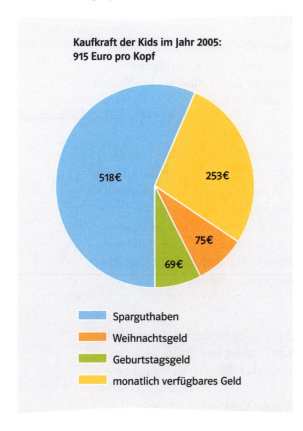

8 Stelle deine eigenen Ausgaben im Monat als Kreisdiagramm dar. Der Kreis ist dein „Gesamteinkommen" (z. B. Taschengeld, Geldgeschenke, Verdienste durch Jobben). Überschlage deine Ausgaben (z. B. für Handy, Klamotten, Weggehen, …) und rechne sie in Prozentwerte um. Zeichne sie in den Kreis ein. Erstelle rechts neben dem Kreisdiagramm eine Legende für die Bedeutung der verschiedenen Farben.

ARBEITSTECHNIKEN UND METHODEN ZUR TEXTERSCHLIESSUNG UND TEXTAUSWERTUNG

5 Prüfe dich selbst

Kann ich einen Text überfliegend lesen?

1 Überfliege die beiden Texte und formuliere in wenigen Worten das Thema der Texte.

Text 1

Rechtliche Grundlagen und Positionen

Entscheidende Rechtsgrundlage für Geschäfte oder Verträge von/mit Minderjährigen ist das Bürgerliche Gesetzbuch BGB. Bedeutsam ist darüber hinaus eine Verlautbarung des Bundesaufsichtsamtes für das Kreditwesen zum Thema *Bankgeschäfte mit Minderjährigen* vom 22. März 1995.

Geschäftsfähigkeit

Kinder sind bis zum einschließlich 6. Lebensjahr geschäftsunfähig. Im Alter von 7 Jahren bis einschließlich 17 Jahren gelten Kinder und Jugendliche als „beschränkt geschäftsfähig". Verträge – auch Kontoeröffnungen – gelten mit dem Einverständnis der Eltern. Solange dieses nicht erfolgt, gilt der Vertrag als „schwebend unwirksam", d.h. der Unterschied zu einem von vorneherein ungültigen Vertrag liegt somit in der Möglichkeit der Eltern, noch ihr Einverständnis zu erklären oder zu verwerfen. Dies gilt praktisch für alle täglichen Bankgeschäfte, ob Einzahlung, Überweisung oder Abhebung.

Taschengeldparagraf

Der sogenannte „Taschengeldparagraf" (§ 110 BGB) macht den Umgang mit dem eigenen Taschengeld für Minderjährige flexibler, weil alltägliche, kleinere „Geschäfte" wie der Kauf einer CD oder Ähnliches ohne Genehmigung der Eltern möglich gemacht werden.

Kinder bzw. Jugendliche sollen frei über das Geld verfügen können, das sie zu genau diesem Zweck bekommen haben. Auf Bankgeschäfte hat der Taschengeldparagraf keinen Einfluss, da die Bank ohne eindeutige Genehmigung nicht wissen kann, inwieweit das Geld auf einem Konto dem Jugendlichen wirklich zur freien Verfügung steht.

Text 2

Jugendliche und Schulden

Je näher Jugendliche dem Erwachsenenalter kommen, desto höher werden in der Regel die Ansprüche und somit die anfallenden Kosten: Handy, Diskothek, Kino, Restaurantbesuche, Kleidung, ggf. auch Zigaretten oder Benzin usw. Kommt ein ausgeprägtes Markenbewusstsein hinzu, wird das Ganze nicht billiger. In zunehmendem Maße haben Schüler daher, sobald es irgendwie möglich ist, einen Nebenjob, da das „normale" Taschengeld einfach nicht mehr reicht. Die Möglichkeit des Konsumverzichts wird dabei sicherlich nur ungern gewählt. Dies bestätigt auch eine Studie der Universität Erlangen, nach welcher die Kreditbereitschaft bereits im Grundschulalter relativ hoch, der Wille zum Verzicht bei fehlendem Geld hingegen entsprechend niedrig ist. Zur 10. Klasse hin tritt diese Haltung häufiger auf, die Tendenz zum Warten bzw. Sparen hingegen verringert sich.

Aus der Vergangenheit sind Fälle bekannt, in welchen Jugendlichen auf ihrem Konto die Möglichkeit eines Dispositionskredits eingeräumt wurde. Seit 1995 gehen die Anstrengungen seitens der Banken offenkundig dahin, der o.g. Verlautbarung des Bundesaufsichtsamtes für Kreditwesen zu entsprechen. Mit dieser Verlautbarung hat das Aufsichtsamt [...] im BGB hingewiesen und entsprechende Grenzen formuliert. Hierin wird eine Reihe von Aspekten zum

38

Schutz der Minderjährigen in Bezug auf Bankgeschäfte behandelt, so z. B. die
20 notwendige Führung von Konten ausschließlich auf Guthabensbasis oder der
Verzicht auf bankgeschäftliche Transaktionen, die in irgendeiner Weise zu
einer Kreditaufnahme führen könnten. […]

Auch im Umgang mit dem Handy können Minderjährige eigentlich gar
nicht in Schulden geraten, jedenfalls nicht bei den Vertragsanbietern. Denn
25 diese sind hinsichtlich der Liquidität bzw. Kredit- und Geschäftsfähigkeit
ihrer Kunden sehr vorsichtig. Allerdings war das Phänomen zu beobachten,
dass deutliche Zeitverzögerungen bei der Abrechnung von SMS-Nachrichten
auf sog. PrePaid-Kartenkonten zu bösen Überraschungen führten: Die Karte
rutscht ins so gar nicht vorgesehene Minus. Man sollte sich also über den
30 Abrechnungszeitraum informieren. Die Frage, inwieweit die Abrechnung eines
Mobiltelefons, das offiziell auf den Namen der Eltern läuft, am Ende des Monats zu bösen finanziellen Defiziten führen kann, ist rechtlich eine andere: Hier
liegt die Verantwortung bei den Eltern. […]

Werden Jugendliche 18 Jahre alt, bietet sich allerdings die Möglichkeit,
35 durch Inanspruchnahme von Krediten, Kontoüberziehungen usw. seinen
bisher vielleicht zwangsweise im Rahmen gehaltenen Konsumwünschen freien
Lauf zu lassen. Der Umgang mit dieser veränderten Situation sollte nicht un-
vorbereitet bleiben.

Kann ich mir einen Text mithilfe verschiedener Lesetechniken erschließen?

2 Erschließe dir Text 1 und 2 (Seite 38 f.) mithilfe verschiedener Lesetechniken. Kläre unbekannte Fachbegriffe. Markiere Schlüsselwörter und unterstreiche Nebeninformationen. Fasse einzelne Abschnitte
in Form von Randnotizen zusammen.

Kann ich Textinhalte grafisch darstellen?

3 Überlege dir geeignete Visualisierungen (z. B. Zahlenstrahl, Flussdiagramm, Mind-Map, Tabelle), um die Informationen der beiden Texte anschaulich darzustellen. Wähle jeweils eine Möglichkeit für jeden Text aus,
begründe kurz deine Auswahl und fertige das Schaubild an.

Text 1   geeignete Visualisierung:
          Begründung für Auswahl:

Text 2   geeignete Visualisierung:
          Begründung für Auswahl:

ARBEITSTECHNIKEN UND METHODEN ZUR TEXTERSCHLIESSUNG UND TEXTAUSWERTUNG

Kann ich das Anfertigen eines Précis, das Exzerpieren, das Konspektieren und das Kartografieren unterscheiden?

: 4 Ordne die Stichworte richtig in die Tabelle ein.

> Ergebnis = Strukturierung von Gedankengängen eines Textes mithilfe von Linien und Pfeilen

> logische Bezüge durch Platzierung von Begriffen zeigen

> Ausgangstext auf ein Drittel kürzen

> Quelle, Thema, wesentliche Thesen, wörtliche Zitate, Kommentare zum Text, Querverweis zu anderen Texten notieren

> Originaltext so weit wie möglich beibehalten

> Ergebnis = kurzer, zusammenhängender Text

> Ergebnis = „Landkarte" über dem Text aus farbigen Verbindungslinien und Markierungen

> Kürzung des Textes um unwesentliche Details

> Ergebnis = Texterschließungsbogen

> Kennzeichnung von Zusammenhängen zwischen den Schlüsselbegriffen im Text selbst

Arbeitstechniken und Methoden, um einen Text zusammenzufassen:

ANFERTIGEN EINES PRÉCIS	EXZERPIEREN	KONSPEKTIEREN	KARTOGRAFIEREN

Kann ich einen Text exzerpieren?

: 5 Lege dir einen Texterschließungsbogen an und exzerpiere den Text. Arbeite im Heft.

„Ihr Geld interessiert uns"

Das Geld und die Bank (5. Kapitel)

Genauso wie das Feuer und das Rad gibt es auch das Geld schon seit Menschengedenken. Eigentlich weiß niemand genau, wann und wie es erfunden wurde. Man weiß aber, dass die ausgefallensten Dinge im Lauf der Zeit als Zahlungsmittel gedient haben: Stockfisch in Neufund-

land, Muscheln im Indischen Ozean, Walfischzähne auf den Fidschiinseln, Tee in Tibet, Decken
bei den Indianern in Kanada, Salz in Äthiopien und überall auf der Welt die verschiedensten
Viehsorten. Die Menschen haben dann natürlich ziemlich schnell diverse Metalle benutzt,
besonders Gold, Silber und Kupfer, da diese relativ selten, rostfrei und – im Vergleich zu Kühen –
leicht zu transportieren waren.

Die ersten flachen, runden Münzen wurden offenbar sieben Jahrhunderte vor unserer Zeit-
rechnung im kleinasiatischen Lydien hergestellt. Sie wurden dann mit einer Prägung versehen,
die den Wert des Metalls bescheinigte. Übrigens: Die Engländer sagen heute noch „money", ein
Ausdruck, der auf die Römer zurückgeht, die ihre Münzen auf dem Kapitol in einem der Göttin
Iuno Moneta geweihten Tempel prägten. Bei uns erinnern nur noch die „Moneten" an die alten
Römer.

Und wenn sich später die Lehnsherren im Mittelalter das Recht herausnahmen, Geldstücke mit ihrem Profil darauf in Umlauf zu bringen, dann taten sie das nicht aus Größenwahn
oder – wie wir heute vielleicht vermuten –, um Reklame für sich zu machen, sondern wegen des
hübschen Gewinns, der damit verbunden war: Dem Geld wurde ein sehr großer Wert beigemes-
sen, der den Wert des Metalls, aus dem die Münzen geprägt waren, überstieg. Diese Differenz
strichen die Lehnsherren ein. […]

Aber wie lässt sich eigentlich das Auftauchen von Münzen erklären? In primitiven Wirt-
schaftssystemen tauschen die Menschen Waren miteinander aus: Das gibt es bei uns auch noch.
Kannst du dich noch an die Abziehbilder, die regelmäßig zur WM herauskommen, erinnern? Da
wird dann ein doppelter Ballack gegen Schweinsteiger eingetauscht, damit das Heft voll wird.

Du kannst dir sicher denken, dass dieses System nur funktioniert, wenn nur wenige Waren
getauscht werden und sich die Bedürfnisse beider Seiten decken. Das heißt, wenn du auf Schweinsteiger spekulierst, muss deinem Tauschpartner Ballack fehlen. Das ist schon ein großer Zufall.

Dann stell dir erst einmal vor, wie kompliziert die Sache wird, wenn der Austausch zwischen Leuten stattfinden muss, die sich nicht einmal kennen, und wenn es um eine große
Menge an Waren geht – von der Notwendigkeit, sich über den jeweiligen Wert der Waren, das
heißt über ihren Preis, zu verständigen, einmal ganz zu schweigen. Wir würden uns noch in
der Steinzeit befinden, wenn das Geld nicht erfunden worden wäre, um derartige Probleme zu
lösen. […]

Moralische Urteile ändern rein gar nichts an der Tatsache, dass im Getriebe der Wirtschaft ohne
Geld (als Tauschmittel) nichts läuft und dass es außerdem dank des Geldes einfacher ist, miteinander abzurechnen und den Wert von Gütern zu bemessen (Geld dient dann als Rechnungseinheit).

Darüber hinaus dient das Geld als Wertreserve. Mithilfe unserer Sparkonten können wir
unsere Einkünfte über die Zeit hinweg retten und sogar vermehren, natürlich nur unter der
Bedingung, dass es keine Inflation gibt. Kurz, das Geld hat einen beachtlichen gesellschaftlichen
Nutzen.

Wie ich eben schon sagte, haben die Staaten im Allgemeinen für sich das Monopol in
Anspruch genommen, Münzen und später auch Geldscheine in Umlauf zu bringen. Letztere
wurden in Europa – in Deutschland und in Großbritannien – erst im 17. Jahrhundert eingeführt
und in Frankreich im Jahre 1803 nach Gründung der *Banque de France* durch Napoleon.

Mit der Entwicklung der Banken (und in einigen Ländern wie Deutschland der Sparkassen
und Postbanken) kamen später die Geldeinlagen dazu, die durch den Fortschritt in der Verwendung von Schecks und elektronischen Zahlungsmitteln immer größere Bedeutung gewonnen
haben. Die Geldmenge, das heißt alles Geld, das sich in der Wirtschaft im Umlauf befindet, setzt
sich aus all diesen Elementen zusammen. Genau genommen gibt es verschiedene Definitionen
des Begriffes Geld, je nachdem, welche Arten von Geldeinlagen oder Kapitalanlagen man in die
Definition einschließt. […]

Jetzt fragst du dich bestimmt, woher dieses Geld stammt oder, anders gesagt, wie Geld
überhaupt entsteht. Nun ja, hauptsächlich spielen hier die Banken eine Rolle, und das mit aktiver
Unterstützung der Zentralbank (In der Euro-Zone ist das die Europäische Zentralbank, EZB, mit

ARBEITSTECHNIKEN UND METHODEN ZUR TEXTERSCHLIESSUNG UND TEXTAUSWERTUNG

55 Sitz in Frankfurt, die unsere gute alte Bundesbank abgelöst hat.). Das ist die Bank aller Banken, welche die flüssigen Mittel (das Geld) festlegt, die die Geschäftsbanken brauchen, um die oben genannte Funktion zu erfüllen. Die Zentralbank liefert also letztlich den Treibstoff, der gebraucht wird, damit das Banksystem funktioniert und neues Geld geschaffen werden kann.

aus: André Fourcans: Die Welt der Wirtschaft, Campus Verlag, Frankfurt am Main 1998, Seite 43–47

Kann ich ein Précis anfertigen?

: 6 Streiche in dem Text „Das Geld und die Bank" (Seite 40) so viel weg, dass er am Ende um ca. zwei Drittel gekürzt ist. Schreibe aus der gekürzten Fassung einen zusammenhängenden Text. Formuliere, wo nötig, um. Arbeite im Heft.

Kann ich einen Text konspektieren?

: 7 Konspektiere den Text. Stelle vor allem die Bezüge durch Stichworte (z. B. Begründung, Ursache, Folge, Beispiel, …) her. Vermittle übersichtlich die Informationen mithilfe grafischer Mittel. Arbeite im Heft.

Künftig werden noch mehr in Armut leben

Ökumenischer Gesprächskreis Kirche und Gewerkschaften informiert bei einem Vortragsabend

Main-Tauber-Kreis. Zu einem Vortrags- und Gesprächsabend zum Thema „Müssen Arme früher sterben?" lud der Ökumenische Gesprächskreis Kirche und Gewerkschaften in das ökumenische Kirchenzentrum Wertheim Wartberg ein.

Der Referent des Abends, Herr Bernhard Löffler, Regionalvorsitzender des DGB, ging
5 zunächst auf die in der Einladung formulierte Frage „Müssen Arme früher sterben?" ein und stellte fest, dass in der Tat vor allem arme Kinder und Jugendliche mehr Unfälle haben und schlechtere Zähne besitzen und dadurch am häufigsten vom Armutsrisiko betroffen sind. Kinder und Jugendliche stellen in der Bundesrepublik Deutschland inzwischen diejenige Altersgruppe dar, die am häufigsten von Armutsrisiken betroffen ist. Die Auswirkungen von Armut auf die
10 Gesundheit und das Gesundheitsverhalten der Kinder und Jugendlichen kann an Umfragedaten und medizinischen Schuleingangsuntersuchungen nachgezeichnet werden.

Dabei wird ein ungünstigerer Gesundheitsstatus der Kinder und Jugendlichen aus Armutsfamilien gegenüber ihren Altersgleichen aus den höheren sozialen Schichten erkennbar. Die langfristigen Perspektiven sind nicht klar zu benennen, jedoch muss von einer erhöhten Todes-
15 rate im weiteren Lebensverlauf ausgegangen werden. Insoweit ist die Frage des heutigen Abends schon beantwortet: Ja, Arme sterben früher!

Weiter – so der Referent – erhalten offiziell 2,7 Millionen Menschen in Deutschland Sozialhilfe, davon eine Million Kinder. In Wirklichkeit allerdings leben bereits sehr viel mehr Menschen unter der Armutsgrenze, etwa acht Millionen, darunter drei Millionen Kinder. Das
20 schätzte die sogenannte „Nationale Armutskonferenz", der neben vielen Sozialverbänden auch die großen Kirchen und der DGB angehören. Vor allem viele Langzeitarbeitslose werden in die Armut getrieben. Diese Arbeitslosen und ihre Familien müssen in Armut leben, da die bisherige Arbeitslosenhilfe auf Sozialhilfeniveau abgesenkt wird. In diesen Haushalten leben insgesamt rund drei Millionen Menschen. […]
25 Für gesundheitlich beeinträchtigte Arbeitslose zeichne sich ein Teufelskreis ab, so Löffler: „Ihre Chancen auf Wiedereingliederung sind geringer als die der übrigen Arbeitslosen." Sie seien durch Gesundheitszustand, Arbeitslosigkeit und drohende Verarmung mehrfach belastet. Und mehr als ein Drittel der Arbeitslosen gebe Geldschulden an. Gesellschaftliche Stigmatisierung („Faulenzerdebatte") könne den sozialen Abstieg forcieren und erhöhe die psychischen Belastungen.

Kann ich einen Text kartografieren?

8 Kartografiere den Text „Künftig werden noch mehr in Armut leben" (Seite 42). Rahme wenige wichtige Schlüsselbegriffe ein und stelle Verbindungen her. Arbeite mit verschiedenen Farben.

Kann ich statistisches Material auswerten?

9 Werte die Statistiken aus. Achte auf Überschriften, Kopf- und Randspalte und die Art der Zahlen (absolute oder relative Zahlen). Formuliere in einem kurzen Text, welche wichtigen Informationen du den Statistiken entnehmen kannst. Arbeite im Heft.

10 Suche dir eine Statistik aus und stelle sie in einer dafür geeigneten Diagrammart dar. Wähle eine sinnvolle Einteilung der Achsen. Arbeite im Heft.

1: Ohne Schulden der öffentlichen Haushalte untereinander und ohne Kassenverstärkungskredite

✳ Überschuldung: Ein privater Haushalt gilt als überschuldet, wenn das monatliche Einkommen über einen längeren Zeitraum trotz Reduzierung des Lebensstandards nicht ausreicht, die Lebenshaltungskosten sowie fällige Raten und Rechnungen zu bezahlen, und auch kein Vermögen vorhanden ist, das die Überwindung des Liquiditätsengpasses ermöglicht.

Schulden der öffentlichen Haushalte[1] Stichtag: 31.12.2006 – Angaben in Mill. EUR	Länder	Gemeinden/Gv.
Baden-Württemberg	41 072	6 514
Bayern	23 072	14 497
Berlin	58 995	–
Brandenburg	17 136	1 642
Bremen	13 384	–
Hamburg	21 604	–
Hessen	29 364	7 880
Mecklenburg-Vorpommern	10 737	1 810
Niedersachsen	48 774	7 503
Nordrhein-Westfalen	112 900	23 805
Rheinland-Pfalz	25 252	4 826
Saarland	8 736	959
Sachsen	11 592	4 147
Sachsen-Anhalt	19 303	3 182
Schleswig-Holstein	21 765	2 403
Thüringen	15 805	2 708
Deutschland	479 489	81 877

Überschuldete Haushalte in Deutschland	1989	1994	1997	1999	2002
Ost	–	rd. 0,50 Mio.	rd. 0,58 Mio.	rd. 0,87 Mio.	rd. 0,94 Mio.
West	rd. 1,20 Mio.	rd. 1,50 Mio.	rd. 2,10 Mio.	rd. 1,90 Mio.	rd. 2,19 Mio.
insgesamt	–	rd. 2,00 Mio.	rd. 2,68 Mio.	rd. 2,77 Mio.	rd. 3,13 Mio.

Überschuldete Haushalte in den alten Bundesländern (Schuldenreport 2006)	Prozent
Gesamtschulden zwischen 2 500 und 10 000 Euro	22
Gesamtschulden zwischen 10 000 und 25 000 Euro	27
Gesamtschulden zwischen 25 000 und 50 000 Euro	26
Gesamtschulden zwischen 50 000 und 100 000 Euro	16
Gesamtschulden über 100 000 Euro	9

Verschuldung Jugendlicher (Synovate GmbH München 2003)	Prozent
13–17 Jahre, Schulden in Höhe von durchschnittlich 370 Euro	6
18–20 Jahre, Schulden in Höhe von durchschnittlich 1 430 Euro	13
21–24 Jahre, Schulden in Höhe von durchschnittlich 2 170 Euro	13

ARBEITSTECHNIKEN UND METHODEN ZUR TEXTERSCHLIESSUNG UND TEXTAUSWERTUNG

Kann ich Diagramme und Schaubilder auswerten?

11 Werte das Schaubild aus und fasse es in einem Auswertungstext zusammen. Arbeite im Heft.

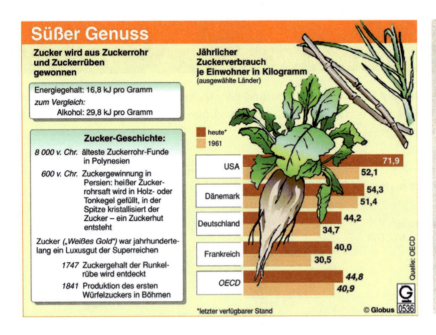

Die Deutschen essen heute rund zehn Kilogramm mehr Zucker als ihre Eltern und Großeltern (pro Kopf und Jahr gerechnet). Das liegt aber nicht allein daran, dass mehr Süßigkeiten gegessen werden; wobei es sicherlich eine Rolle spielt, dass zum Beispiel Schokoladenprodukte viel billiger geworden sind. Die Änderung der Essgewohnheiten kommt hinzu. So enthalten Fertiggerichte und Fast Food oft viel mehr Zucker, als der Konsument erwartet. Viel Zucker in der Nahrung führt wiederum verstärkt zu Übergewicht und erhöht das Risiko, an Diabetes zu erkranken – klassische Zivilisationskrankheiten.

Kann ich Bildmaterial analysieren?

12 Formuliere, wie das Foto auf dich wirkt. Setze es in Beziehung zu dem Schaubild aus Aufgabe 11 und suche Bildunterschriften.

13 Das Foto ist eine Fotomontage. Welche Absicht wird damit verfolgt?

44

6 Kontrolle und Einschätzung, Tipps für die Weiterarbeit

AUFGABE	BEARBEITET AM	WIEDERHOLT AM	☺ KONNTE ICH GUT	😐 DAS WAR MITTEL	☹ MUSS ICH ÜBEN	Wenn du 😐 oder ☹ angekreuzt hast, dann bearbeite folgende Aufgaben im Teil Lesen und Üben:
1						S. 64–67/1–7
2						S. 64 f./1, 2; S. 66/3–5; S. 67/6, 7
3						S. 70/8–11; S. 71/12
4						S. 72/1, 2; S. 73/3; S. 75/4, 5; S. 77/6–8; S. 78/9, 10; S. 79/11, 12
5						S. 75/4, 5
6						S. 72/1, 2; S. 73/3
7						S. 77/6–8
8						S. 78/9, 10; S. 79/11, 12
9						S. 84/7, 8; S. 85/9, 10
10						S. 84/7, 8; S. 85/9, 10
11						S. 86/11; S. 87/12, 13; S. 88/14, 15; S. 89/16
12						S. 80/1; S. 81/2; S. 82/3, 4; S. 83/5, 6
13						S. 80/1; S. 81/2; S. 82/3, 4; S. 83/5, 6

EINSCHÄTZUNG DER LEHRERIN/DES LEHRERS ODER DER ELTERN:

WEITERES MATERIAL FÜR EINE MATERIALSAMMLUNG BESCHAFFEN

1 Mit Informationsquellen umgehen

1.1 Lexika, Sachbücher, Zeitschriften

Informationen zu Sachthemen findest du in
- **Nachschlagewerken (Lexikon, Wörterbuch),**
- **Sachbüchern,**
- **Zeitschriften.**

Bei der Orientierung hilft dir Folgendes:
- **Nachschlagewerke sind alphabetisch nach Stichworten geordnet.**
- **Lexika enthalten mehr Sachinformationen als Wörterbücher, die nur auf das Wort selbst eingehen.**
- **Sachbücher und Zeitschriften enthalten ein Inhaltsverzeichnis, z.T. ein Register (nach vorkommenden Begriffen alphabetisch oder auch nach Kapiteln/Seitenzahlen geordnet), manchmal auch ein Glossar, das vorkommende Begriffe erklärt.**

Auto *s* „Kraftfahrzeug": Kurzform für die im 19./20. Jh. entstandene hybride Neubildung Automobil *s* (wörtl. „Selbstbeweger". zu *gr.* autós „selbst" (vgl. *auto*…) und *lat.* mobilis „beweglich" (vgl. *mobil*).

Au|to, das; -s, -s (griech.) (*kurz für* Automobil): Auto fahren; ich bin Auto gefahren

---

Auto, Wagen, Automobil, Kraftwagen, Kraftfahrzeug, Fahrzeug, Personenkraftwagen, PKW, fahrbarer Untersatz (scherzh.), Benzinkutsche (scherzh.), Schlitten (salopp), Kraftpaket (salopp), Ofen (salopp), Töfftöff (Kinderspr.), Nuckelpinne (scherzh., abwertend) […]

Kraftwagen (Automobil, Auto), nach dem Verwendungszweck unterschiedlich konstruiertes, mehrspuriges Kraftfahrzeug zur Beförderung von Personen (Personenkraftwagen, Omnibus) und/oder Lasten sowie für Sonderzwecke (Lastkraftwagen). Daneben gibt es noch im Motorsport Sport- und Rennwagen. Bei allen K. trägt das Fahrwerk das Triebwerk und die Karosserie; Fahrwerk und Triebwerk bilden das Fahrgestell (Chassis). Das Fahrwerk besteht im Wesentl. aus einem verbindenden Traggerüst (Rahmen; entfällt bei selbsttragenden Karosserien), den mit Reifen versehenen Rädern und den Achsen samt Radaufhängung sowie aus Federung, Bremsanlage und Lenkung. […]

automobil, A… automoˊbiːl

---

1 Lies dir die Wörterbuch- bzw. Lexikonauszüge durch. Überlege, um welche Art von Nachschlagewerk es sich genau handelt. Schreibe jeweils die richtige Bezeichnung unter den Auszug.

> Wörterbuch sinn- und sachverwandter Ausdrücke

> Rechtschreibwörterbuch

> Lexikon

> Herkunftswörterbuch

> Aussprachewörterbuch

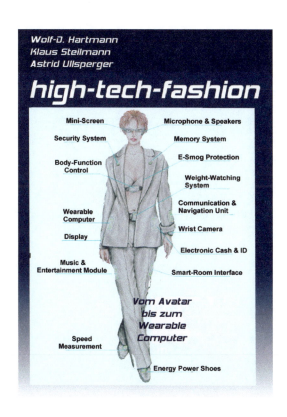

2 In dem Sachbuch „high-tech-fashion" findest du dieses Inhaltsverzeichnis. Überprüfe, ob das abgedruckte Verzeichnis deinen Erwartungen und Vorstellungen entspricht, und begründe.

3 Beurteile das Inhaltsverzeichnis: Was wird dir klar, welche Fragen bleiben offen?

WEITERES MATERIAL FÜR EINE MATERIALSAMMLUNG BESCHAFFEN

Kapitel 3: Fashion funkt SMS und mehr . . .

3.1 „Uhr"alte High-Tech-Fashion 122
3.2 Fandy: Fashion und Handy 128
3.3 Alarm über SOS-Transponder 149
3.4 Digitale Engel 160
3.5 Der elektronische Knoten im
 Taschentuch und mehr 168

: 4 Erkläre, worum es in den Unterkapiteln gehen könnte. Welche Wortspiele und Metaphern findest du heraus?

_____

_____

_____

_____

_____

_____

Kapitel 3
Schokolade bis zum Überdruss
Die großen Vordenker 25

Kapitel 4
Walkman, Designerklamotten und Sardellen
Der Markt, die Preise und die Inflation 35

Kapitel 5
„Ihr Geld interessiert uns"
Das Geld und die Bank 43

Grenznutzen 30, 31, 36

– rückläufiger 30

Grenzproduktivität 27, 29, 35, 143

Grundlagenforschung 125

: 5 Ein Blick in André Fourcans „Die Welt der Wirtschaft" zeigt dieses Inhaltsverzeichnis und Begriffe aus dem Schlagwortregister. Worüber informieren deiner Meinung nach die einzelnen Kapitel? Was könnten die nebenstehenden Begriffe damit zu tun haben?

_____

_____

_____

_____

_____

_____

INHALT

60 Die Krankheit des Gesundheitssystems
Das Siechtum einer kapitalistisch und materialistisch orientierten Gesellschaft

64 Die moderne Medizin ist schnell am Ende
Die Notwendigkeit ganzheitlicher Therapieansätze für eine „Neue Medizin"

68 Das Krankenbett
Ein Bett das krank macht:
Die Biologie des menschlichen Organismus wird nicht berücksichtigt

70 Der Ginkgo-Baum
Ein Relikt aus der Urzeit mit heilenden Kräften

74 Anders heilen
Westlicher Neoschamanismus:
Trügerische Illusion oder echte Alternative?

78 Eine gesunde Lebensweise
Wie entgehen wir den krankmachenden Errungenschaften der modernen Technik?

84 Der neue Spartip: Vaterschaftstest!
Wie Frauen durch eine falsche Vaterschaftsangabe die Gesellschaft schädigen

86 Das Heidelberger Pulver
Das Wundermittel des Bertrand Heidelberger vor hundert Jahren

89 Impressum

91 Kleinanzeigen

92 Leserbriefe

95 Buchbesprechungen

98 Vorschau

Die Krankheit des Gesundheitssystems — 60
Es ist die Krankheit einer kapitalistisch und materialistisch orientierten Gesellschaft, deren Politiker kaum etwas anderes wissen, als die Vielfalt der Probleme auf ihre Kosten zu reduzieren und sie mit Geldmitteln zu lösen versuchen. Aus einem riesigen Milliarden-Kuchen wollen sich alle Beteiligten ein möglichst großes Stück herausschneiden – nur die Hauptperson, der Patient, ist nicht vertreten.

Die moderne Medizin ist schnell am Ende — 64
Betrachten wir die letzten zwei Jahrhunderte in der Geschichte der Humanmedizin, so ist insgesamt ein immenser Fortschritt dokumentierbar. Gleichzeitig ist es zu einer dramatischen Zunahme sogenannter degenerativer chronischer Erkrankungen sowie neurologisch-psychiatrischer Erkrankungen gekommen. 20 bis 25% aller Kranken müssen aufgrund von Nebenwirkungen medizinischer Therapien behandelt werden.

Das Krankenbett
Gefahr für den ganzen Körper — 68
Wenn wir die herkömmlichen Krankenbetten etwas näher unter die Lupe nehmen, so muß man sich schon fragen, warum man diese mit einer Technik baut, die die Biologie des menschlichen Organismus nicht berücksichtigt. Es ist an der Zeit, sich mit dieser Problematik zu beschäftigen und ein „Gesundheitsbett" zu kreieren, das uns nicht noch kranker macht: Dies sind wir unserer Gesundheit schuldig.

Der Ginkgo-Baum — 70
Der Ginkgo gehört zu den ältesten Baumarten der Welt. Er trotzte der Evolution und paßte sich den Energieverhältnissen der Natur an – wie später auch der Mensch. Nur mit einem Unterschied: Der Ginkgo nimmt die Energieverschiebungen voll an, was zum großen Teil beim Menschen unserer Zeit nicht der Fall ist. Seine Blätter werden gepreßt und als Medikament in Tropfen- und Tablettenform hergestellt, die gegen eine Vielzahl von Krankheiten helfen.

Anders heilen
Westlicher Neoschamanismus — 74
In der Heilerszene boomen therapeutische Importe aus fernen Ländern. Doch können Schamanen, Reiki-Meister und Prana-Heiler wirklich mehr als christliche Handauflieger und Gebetsheiler? Ob das westliche Neo-Schamanentum letztlich eine Karikatur der ursprünglichen schamanischen Kultur ist oder nicht, mag einem Kranken einerlei sein – Hauptsache, ihm wird geholfen.

Eine gesunde Lebensweise — 78
Zu einer gesunden Lebensweise gehört noch etwas mehr, als nur gesundheitsbewußt zu leben. Die Verschmutzung der Umwelt durch Abgase, Staub, Lärm und Elektrosmog leistet ihren eigenen Beitrag dafür, daß es uns keineswegs leicht gemacht wird, gesund zu bleiben. Die Widerstandskraft wird durch solche negativen Umwelteinflüsse deutlich gemindert.

Das Heidelberger Pulver — 86
Dieser „Bericht über die Naturheilkunst" entstammt dem Büchlein von Bertrand Heidelberger aus Hochfelden in Rheinau, das er anläßlich seines 81. Geburtstages am 15. Februar 1925 veröffentlichte. Er entwickelte in 50 Jahren Forschens ein Naturheilmittel in Form eines Pulvers, zusammengesetzt aus sieben Kräutern, die sich wunderbar ergänzen, das gegen die verschiedensten Erkrankungen auf wundersame Weise hilfreich ist.

Der neue Spartip: Vaterschaftstest! — 84
Daß der Vater eines Kindes nicht sein leiblicher Vater ist, kommt in unserer Gesellschaft häufiger vor als wir es wahrhaben wollen. Deshalb sollte ein Mann, der nicht sicher ist, ob er der Vater ist, auf einem Vaterschaftstest bestehen. Durch vorsätzlich betrügerische Vaterschaftsangaben mancher berechnender Frauen werden viele Existenzen ehrlicher Männer ruiniert.

INHALT

2 Inhalt

5 Editorial

6 Nano-Medizin und Gesundheitsvorsorge im 21. Jahrhundert
Revolutionäre Aussichten:
Nano-Technologie und Nano-Robotik

12 Gesundheit und Krankheit des Menschen aus Sicht des Säure-Basen-Haushaltes
An der Grenze zwischen Zelle und Extrazellularraum entscheidet sich unser Schicksal

21 Atmen wir, weil unser Herz schlägt – oder schlägt unser Herz, weil wir atmen?
Wir werden beatmet, ohne daß wir uns dessen bewußt sind

24 Wie entstehen Allergien?
Erstaunliche Erkenntnisse aus naturheilkundlich-wissenschaftlicher Sicht

32 Schall und Lärm: akustisch und elektrisch
Die unterschätzte Gesundheitsgefahr lauert überall: Elektrosmog ist „elektrischer Lärm"

36 Tinnitus und Schwerhörigkeit
Verdreifachung schwerster Hörschäden bis 2030 unabwendbar?
Wir geben Tips zur Vorsorge!

42 Der Mensch besteht aus Zellen
Eine Billion Körperzellen:
Ein phantastisches, perfekt ausgeklügeltes System

56 Schwindel – von Augenerkrankungen bis Zahnheilkunde
Ganzheitliche homöopathische und osteopathische Behandlungen

Nano-Medizin und Gesundheitsvorsorge im 21. Jahrhundert — 6
Biotechnologie und genetische Manipulation sind wegen ihrer bedeutenden Erfolge im Verlauf der vergangenen Jahrzehnte vergleichsweise gut bekannt geworden. Aber die Verfechter dieser Ansätze ignorieren häufig eine zukünftige nach-biotechnologische Disziplin, die erst jetzt am Horizont sichtbar wird und geeignet erscheint, die biologische Gesundheit von Leib und Geist fast unbegrenzt zu garantieren: Nano-Technologie und Nano-Robotik.

Gesundheit und Krankheit
Säuren machen uns krank — 12
Ärztliches Tun ist an der Zielstrebigkeit des Organismus orientiert, sich selbst zu erhalten. Dazu muß der Therapeut erkennen und akzeptieren, daß das System der Eigenregulation Grundlage einer umfassenden ganzheitlichen Medizin ist. Keine Zelle existiert für sich alleine, sondern stets im Zusammenhang mit dem sie umgebenden Milieu.

Atmen
Weil unser Herz schlägt — 21
Unser Herz schlägt nicht, um das Blut durch die Adern zu treiben, sondern unser Herz schlägt, da von den Adern unser Blut durch das Herz getrieben wird! Wir atmen nicht, weil wir bewußt Luft holen, sondern wir werden beatmet, ohne daß wir uns dessen bewußt sind!

Wie entstehen Allergien? — 24
Bei einem Allergiker handelt es sich um einen abwehrgestörten Kranken. Da sämtliche Meridiane im hyperergen Zustand sind, ist damit auch erkennbar, daß das Problem vom Organismus vergebens auch energetisch zu regulieren versucht wird! Der betroffene Organismus, suppressiv behandelt, gesundet nicht völlig; er bemüht sich, mit Hilfe einer individuellen Substanz als Reizstoff, den ehemals unterbrochenen Krankheitsvorgang zu wiederholen – so entsteht eine allergische Reaktion.

Schall und Lärm
Lärm als Gesundheitsrisiko — 32
Auf den Körper auftreffende Schallwellen pflanzen sich in ihm als akustische Wellen fort, sie werden in elektrische Größen umgewandelt, die Zellen und Nerven und somit die Gesamtregulation beeinflussen. Der Körper „hört" Lärm also auch auf anderen Wegen als über das Gehör, und über diese extra-auralen Mechanismen werden Wirkungen hervorgerufen, die schwerwiegende Folgeerscheinungen auslösen.

Tinnitus und Schwerhörigkeit — 36
Durch Streß, Lärm und Alter kann unser Gehör geschädigt werden. Abhilfe in gewissen Grenzen können uns HNO-Ärzte und Hörgeräteakustiker vermitteln. Was wohl die wenigsten wissen – sonst wären mehr Leidtragende in Behandlung: Es gibt einfache Methoden zur Erkennung einer Störung, die dann schnellstens zum HNO-Arzt führen sollte. Hier sollen einige Tips, Ein- und Ansichten vermittelt werden.

Schwindel – von Augenerkrankungen bis Zahnheilkunde — 56
Ein Betrachten des Schwindels aus ganzheitlicher Sicht reicht von Kopf bis Fuß und erfordert in der Differentialdiagnose des Schwindels grundsätzlich immer ein interdisziplinäres Vorgehen. Jede ganzheitliche Therapie hat das Ziel, die Heilung des Individuums zu bewirken oder den Weg dorthin positiv zu beeinflussen.

Der Mensch besteht aus Zellen — 42
Der menschliche Körper besteht aus ca. 1 Billion (1000 Milliarden!) Zellen. Das sind etwa 160mal soviel, wie es derzeit Menschen auf der Erde gibt. Man muß in Bewunderung vor einer „Organisation" fallen, die diese Anzahl Zellen so im Griff hat, daß es keinerlei Versuche der verschiedenen Gattungen gibt, sich gegenseitig zu bekämpfen.

: 6 Du willst dich über die Krankheit „Tinnitus" informieren. Betrachte das Cover, lies das Inhaltsverzeichnis und die Kurzbeschreibung. Welche Informationen erwartest du in der Zeitschrift? Würdest du sie verwenden?

WEITERES MATERIAL FÜR EINE MATERIALSAMMLUNG BESCHAFFEN

1.2 Internetrecherche

Um mit dem Internet sinnvoll arbeiten zu können, musst du einige **Suchtechniken** beherrschen, damit du hilfreiche Informationen findest und wertlose aussortieren kannst. Normale Nutzer suchen nahezu ausschließlich über Suchmaschinen.

Die Suche mithilfe einer Suchmaschine und Booleschen Operatoren

Suchmaschinen wie z. B. google, yahoo, fireball durchsuchen nach einem Schlüsselwort-Index das Web. Dabei hat jede Suchmaschine ihre eigenen Strategien. Bei der Schlagwortsuche gibst du einen oder mehrere Begriffe ein. Es werden alle Quellen gesucht, die diese Begriffe enthalten. Suchmaschinen haben ihre eigene Sprache, die man beherrschen muss, um gezielt suchen zu können. Dazu gehören **Verknüpfungen** wie „und", „nicht", „near" oder Zeichen wie „+", „–", „*" (die Booleschen Operatoren, benannt nach ihrem Erfinder). **„und" oder „+"** verknüpft zwei Begriffe. Du erhältst nur Seiten, die beide Begriffe enthalten. Um bestimmte Seiten auszuschließen, verwendest du den Operator **„nicht" oder „–"**. Wenn du Informationen zu einem ganzen Gebiet (z. B. zur Umweltproblematik) suchst, kannst du dir mit einer Wildcard oder einem Asterisk helfen. Ein **Stern** ersetzt einen Teil des Wortes. Du erhältst also z. B. mit „Umwelt*" alle Stichwörter, die mit „Umwelt" beginnen.

: 1 Suche Informationen über den Umweltschutz in China. Gib dazu bei verschiedenen Suchmaschinen zuerst das Schlagwort „China" ein und notiere, wie viele Treffer du erhältst:

www.google.de: ———————————   www.yahoo.de: ———————————

www.altavista.de: ———————————   www.lycos.de: ———————————

: 2 Gib nun entweder „China und Umweltschutz" oder „China+Umweltschutz" ein und suche im Web. Notiere die Zahl der Treffer:

www.google.de: ———————————   www.yahoo.de: ———————————

www.altavista.de: ———————————   www.lycos.de: ———————————

: 3 Schließe jetzt Seiten von Reiseveranstaltern aus. Gib dazu „China+Umweltschutz–Reise" ein.

: 4 Suche Informationen, welche die gesamte Umweltproblematik umfassen, also z. B. auch Umweltkatastrophen, Umweltverschmutzung, … Gib dazu bei google „China+Umwelt" ein. Notiere die Zahl der Treffer und vergleiche mit dem Ergebnis aus Aufgabe 2.

————————————————————————————————————

: 5 Du suchst für ein Referat „Die Olympischen Spiele 2008 in Peking" Informationen über die Luftverschmutzung in Peking. Wie formulierst du deine Suchanfrage, damit du möglichst informative Seiten erhältst? Notiere deine Anfrage und gib sie im Internet ein.

————————————————————————————————————

Die Metasuchmaschine

Metasuchmaschinen durchsuchen andere Suchmaschinen (meta = übergeordnet), die der Nutzer bestimmen kann. Diese Suchstrategie kann dir bei speziellen Themen bessere Ergebnisse liefern.

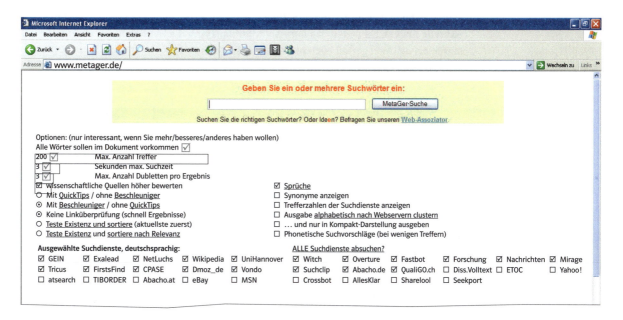

6 Suche mithilfe der Metasuchmaschine Informationen zum Thema „Drei-Schluchten-Staudamm". Probiere dabei verschiedene Eingaben aus, z. B. „drei-schluchten-staudamm", „Drei-Schluchten-Staudamm", „Drei Schluchten Staudamm", „Drei-Schluchten-Staudamm in China". Vergleiche die Ergebnisse.

Die Phrasensuche

Bei der **Phrasensuche** gibst du einen Satz oder Halbsatz in der **exakten Schreibung** (auch Satzzeichen beachten) aus dem Text in Anführungszeichen ein. Du erhältst nur die Treffer, die den kompletten Satz enthalten. So kannst du z. B. bestimmte Texte suchen.

China: Umwelt-Technik sichert allgemeines Wachstum

■ **Peking** 11. Juli 2006 – In China beginnt man zu begreifen, dass man sich auf der Stufe zur Entwicklung zu einer Industrie-Nation befindet. Üblicherweise überwiegt zu Beginn einer solchen Entwicklung die Begeisterung über die erreichten wirtschaftlichen Erfolge. Alles, was diesem Fortschritt im Wege steht, wird als schädlich betrachtet – auch Umweltschutz, oder gerade
5 Umweltschutz, weil „falsche" Rücksichtnahmen, „unnötige" Aufwendungen für Umweltschutz scheinbar den hoffnungsvollen Aufschwung behindern würden. Luftverpestung, verschmutzte Gewässer, Abfallberge: Die ökologische Lage in China ist desolat. Doch langsam entdeckt Peking den Umweltschutz – auch zur Freude deutscher Unternehmer.
   So sollen z. B. sämtliche Busse bei den Olympischen Spielen im Jahre 2008 Biodiesel tanken,
10 der in China produziert wird. Deutsche hoffen auf die Lieferung dieser Anlage für die Biodiesel-Produktion.

7 Zu diesem Text fehlt dir leider die Quellenangabe. Wähle eine Phrase aus und gib diese exakt in Anführungszeichen ein. Markiere die Phrase, mit der du nur einen Treffer erhalten hast, in deinem Text.

WEITERES MATERIAL FÜR EINE MATERIALSAMMLUNG BESCHAFFEN

Zeitungsartikel suchen

Besonders zu aktuellen Ereignissen sind Artikel in seriösen Zeitungen hervorragende Quellen, denn Journalisten sind oft vor Ort und recherchieren sorgfältig in alle Richtungen.
Du kannst entweder direkt bei bestimmten Redaktionen suchen wie *www.tagesschau.de*, *www.spiegel.de*, *www.zeit.de* oder aber spezielle Suchmaschinen für Presseartikel nutzen.
Zwei besonders bekannte sind *paperball* und *google news*. Sie bieten sowohl automatisch gesuchte **aktuelle Artikel**, bei denen das Auswahlkriterium einzig die Häufigkeit ist, als auch eine **Stichwortsuche**, bei der man gezielt nach Artikeln suchen kann.

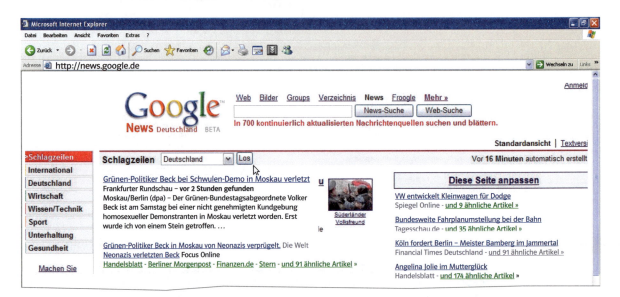

8 Suche Presseartikel zum Thema „Olympische Spiele in Peking" in beiden Suchmaschinen und vergleiche die Ergebnisse nach den Kriterien Menge und erfasste Zeitungen.

PAPERBALL	GOOGLE NEWS

Was der „URL" verrät

Der **URL** – Uniform Resource Locator – ist die Adresse des Anbieters, deren Bestandteile etwas darüber verraten können, ob eine Privatperson, eine öffentliche Einrichtung oder eine Firma dahinterstecken.

Der erste Blick geht auf das Ende der URL, die **Top-Level-Domain**. In den meisten Fällen ist dies das Länderkennzeichen (z. B. in Deutschland „de", in Österreich „at", in der Schweiz „ch").

Daneben gibt es weitere Kennungen, welche dir bei der Beurteilung helfen:
- „.com" sind kommerzielle Anbieter, z. B. *www.microsoft.com*.
- „.org" sind nichtkommerzielle Organisationen, z. B. *www.un.org*, *www.eu.org*.
- „.edu" sind Bildungseinrichtungen in den USA, z. B. *www.harvard.edu*.
- „.gov" sind US-Bundesbehörden, z. B. *www.nasa.gov*.
- „.mil" sind militärische Einrichtungen in den USA, z. B. *www.navy.mil*.

Davor steht die **Second-Level-Domain**, also der Name, den sich der Anbieter selbst ausgesucht hat. Dabei sind der Fantasie keine Grenzen gesetzt. Allerdings gibt es in Deutschland die Einschränkung, dass bestimmte Domains nur an einen eingeschränkten Nutzerkreis vergeben werden, z. B. Hochschulbezeichnungen (*www.uni-koeln.de* oder *www.ph-ludwigsburg.de*).

| www.chinaseite.de | www.berlin.kjjij.de | www.portal-tiens.com |

| www.deutschebotschaft-china.org | www.chinarundreisen.com |

---

9 Beurteile diese URLs. Notiere sie in der Reihenfolge, in der du sie anklicken würdest, und begründe deine Entscheidung stichwortartig.

1. _____

2. _____

3. _____

4. _____

5. _____

10 Gehe auf *www.suchfibel.de* und kläre dort im Glossar folgende Begriffe:

Cookies: _____

Suchstring: _____

Spamdexing: _____

Banner: _____

Crawler: _____

Java Skript: _____

WEITERES MATERIAL FÜR EINE MATERIALSAMMLUNG BESCHAFFEN

2 Informationen erfragen

Wenn du einen Sachverhalt oder eine Problemstellung vertieft erkunden willst, bist du oft auf das Wissen, die Erfahrungen und die Meinungen anderer angewiesen. Du kannst in solchen Fällen Umfragen – entweder in Form von Interviews oder mit Hilfe von Fragebögen durchführen.
Möglichst viele Meinungen kannst du durch **Fragebögen** erfassen. Dabei solltest du dich schon so weit in dein Thema eingearbeitet haben, dass du (im Interesse einer effektiven Auswertung) mögliche Antworten vorgeben kannst, die ausgewählt werden können.
Einen offeneren Zugang bietet das **Interview**. Damit kannst du auch einen Sachverhalt oder eine Problemstellung erkunden, wenn du noch nicht so viel weißt. Allerdings sind Interviews aufwändiger und schwerer auszuwerten.
Die Qualität der Antworten steht und fällt mit der Qualität der Fragen. Man unterscheidet Wissensfragen, Verständnisfragen und Wertfragen.

Wenn du einzelne Informationen (Daten, Fakten, Zahlen, Begriffe, …) ermitteln willst, stellst du **Wissensfragen**.	Wenn du ein Sachgebiet vertiefen und Ursachen, Wirkungen und Gründe ermitteln willst, stellst du **Verständnisfragen**.	Wenn du persönliche Einstellungen, Ansichten, Meinungen ermitteln willst, stellst du **Wertfragen**.

1 Wie findet man die billigsten Tarife für das Telefonieren heraus?

2 Ist es deiner Meinung nach sinnvoll, mehr als ein Drittel des Taschengelds monatlich für den Gebrauch des Handys auszugeben?

3 Wie viele SMS-Botschaften bekommst du durchschnittlich pro Woche?

4 Was kostet eine SMS bei deinem Handyvertrag?

5 Welche Rolle spielt deiner Meinung nach die Handymarke für Jugendliche?

6 Was hältst du von speziellen Kinderhandys, die z. B. von den Eltern geortet werden können?

1 Ordne die Fragen dem richtigen Kasten zu.

2 Formuliere selbst für jede Frageart weitere Beispielfragen, die sich auf das Thema „Jugendliche und ihr Handy" beziehen.

Wenn du nicht weißt, welche Antworten überhaupt möglich sind, dann stellst du **offene Fragen**. Sie legen die Befragten nicht fest, was und wie sie antworten sollen, sondern geben ihnen die Möglichkeit, nach eigenem Ermessen auch ausführlich zu antworten. Antworten auf offene Fragen werden in der Regel nicht durch Auszählen der Antworten ausgewertet, sondern die wichtigsten Inhalte werden zusammengefasst und gruppiert (qualitative Auswertung).

Wenn du den Befragten nur die Wahl zwischen wenigen Antwortmöglichkeiten geben willst, dann stellst du **geschlossene Fragen**. Sie lassen sich meist nur mit „Ja" oder „Nein", mit Zahlenangaben oder sonstigen Fakten beantworten. Die Antworten sind leicht und schnell auszuwerten, indem du zusammenzählst, wie viele Befragte z. B. mit „Ja" und wie viele mit „Nein" geantwortet haben (quantitative Auswertung). Ergebnisse kannst du in Form von Statistiken zuammenfassen und darstellen.

| Wie alt bist du? | Hast du ein eigenes Handy? |
| Was hältst du von Handys als „Schuldenfalle"? | Wie viele Minuten telefonierst du am Tag? |

3 Markiere offene und geschlossene Fragen mit zwei verschiedenen Farben. Formuliere selbst je zwei weitere Fragen zu diesem Thema.

....
....
....
....

4 Erweitere den Leitfaden für Interviews auf mindestens zwölf Punkte.

Erkundung: Jugendliche und ihr Handy
Leitfaden für Interview

1. Alter
2. Geschlecht
3. Taschengeld pro Woche
4. Seit wann eigenes Handy
5. Vertragsart
6. Kosten pro Monat für das Handy

....
....
....
....
....
....

55

WEITERES MATERIAL FÜR EINE MATERIALSAMMLUNG BESCHAFFEN

5 Führe mehrere Interviews durch.
- Entscheide, ob du dir während des Interviews Notizen machen willst, oder ob du das Interview aufzeichnen und anschließend aufschreiben willst.
- Informiere deine Interviewpartner darüber, welchem Zweck dein Interview dient und was mit den Daten geschieht.
- Sei höflich und frage nach, wenn etwas unklar ist. Akzeptiere, wenn jemand einzelne Fragen nicht beantworten möchte.

6 Setze den Leitfaden für Interviews in konkrete Fragen für einen Fragebogen um. Gib jeweils Antworten zum Ankreuzen vor.

Erkundung: Jugendliche und ihr Handy
Leitfaden für Interviews

1. Alter

2. Geschlecht

3. Taschengeld pro Woche

4. Seit wann eigenes Handy

5. Vertragsart

6. Kosten pro Monat für das Handy

_____

_____

_____

_____

_____

_____

_____

_____

_____

Erkundung: Jugendliche und ihr Handy
Fragebogen

1. Kreuze an, wie alt du bist.
   ☐ 12 J.   ☐ 13 J.   ☐ 14 J.   ☐ 15 J.

2. Bist du ein Junge oder ein Mädchen? Kreuze an.
   ☐ Junge   ☐ Mädchen

3. Über wie viel Taschengeld verfügst du durchschnittlich pro Woche?
   ☐ 0–5 €   ☐ 6–10 €   ☐ 11–15 €   ☐ 16–20 €

4.

7 Gestalte deinen Fragebogen mit dem PC und führe eine Umfrage in deiner Klasse, deiner Schule, in deinem Verein, … durch.

8 Lade dir unter *www.grafstat.de* ein kostenfreies Programm auf deinen PC, mit dem du Fragebogen gestalten kannst.
- Gestalte deinen Fragebogen mit Grafstat. Du kannst entweder die Ergebnisse deiner Umfrage selbst eintippen und auswerten lassen oder, falls du in der Schule die Möglichkeit hast, deine Umfrage online durchführen.
- Das Programm wertet deine Umfrage automatisch aus. Du kannst die Art der Darstellung (Diagramme) auswählen.

Wenn du die **Antworten aus Interviews** auswerten willst, hast du umfangreiche Texte (Mitschriften, Ton- oder Videoaufzeichnungen), die du so zusammenfassen musst, dass du die Ergebnisse knapp und klar gegliedert darstellen und an andere weitergeben kannst.
Antworten zu einem Fragebogen solltest du – wenn dieser überwiegend Fragen des geschlossenen Typs enthält – auszählen, in statistischer Form zusammenfassen und mithilfe von Diagrammen darstellen.

Frage: Was machst du in der Regel mit deinem Handy?

Ich telefoniere mit meinen Freunden, wenn wir uns verabreden wollen oder so. Wenn ich meiner Mutter sagen will, wo ich gerade bin oder wann ich heimkomme, schicke ich eine SMS. Wir fotografieren uns auch häufig oder drehen Videos. Ich verschicke sie aber nicht, das ist mir zu teuer.

Meine Freunde und ich simsen viel. Und dann fotografieren wir mit dem Handy und stellen die Bilder und die Filme manchmal ins Internet. Besonders die witzigen aus der Schule.

Ich schicke meistens SMS, manchmal telefoniere ich auch, wenn ich mich unterhalten will.

Ich lasse mich meistens anrufen, schicke höchstens mal SMS, damit es nicht so teuer wird.

Ich kann mit meinem Handy alles machen, auch ins Internet gehen. Eigentlich mache ich den ganzen Tag damit rum.

Ich habe coole Spiele auf meinem Handy und lade mir immer wieder neue Klingeltöne runter.

9 Bearbeite die Interviewantworten am besten so, dass du dich auf bestimmte Aspekte konzentrierst und alles markierst, was dazu gehört (z. B. gelb = Partner, grün = Aktivitäten). Fasse anschließend die Ergebnisse in ein bis zwei Sätzen zusammen.

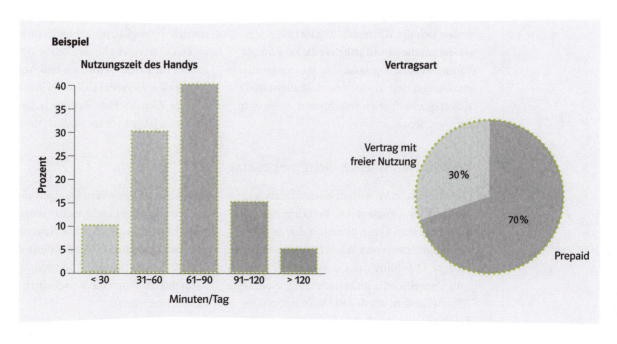

10 Werte deinen Fragebogen quantitativ aus und stelle die Ergebnisse in Diagrammen dar. Arbeite am PC.

DIE MATERIALSAMMLUNG

1 Das Thema analysieren und aufschlüsseln

> Eine Materialsammlung enthält die Texte zum Thema nach Bereichen sortiert, d.h. was inhaltlich zusammengehört, wird hintereinander **angeordnet** und **nummeriert**.
> Die Anordnung der Texte wird im **Inhaltsverzeichnis** festgehalten: Unterthema, Texte mit Titel und Verfasser/in, Seitenzahl.

Text 1

Chinas Umwelt leidet unter Wirtschaftsboom

Trotz zahlreicher Gegenmaßnahmen nimmt die Umweltverschmutzung im wirtschaftlich boomenden Schwellenland China der Regierung zufolge immer weiter zu. Der Konflikt zwischen der Umwelt und der Wirtschaftsentwicklung Chinas werde immer deutlicher, hieß es in einem Dokument des chinesischen Kabinetts, das anlässlich des Weltumwelttages veröffentlicht wurde. Bei der Vorstellung eines Weißbuchs bezifferte der Vizechef des staatlichen Umweltamtes (SEPA), Zhu Guangyao, die jährlichen Schäden auf 200 Milliarden US-Dollar oder zehn Prozent des Bruttoinlandsproduktes. Die Rohstoffknappheit und die unzureichenden Fähigkeiten im Umweltschutz entwickelten sich zu „kritischen Problemen", die die Entwicklung des Landes behinderten. Die chinesische Regierung formuliert in dem Weißbuch zahlreiche Ziele für den Umweltschutz, die zum Teil noch vor den Olympischen Spielen 2008 in Peking umgesetzt werden sollen.

Text 2

Verwüstung, Überdüngung und Pestizide

In dem Weißbuch sind auch Missstände aufgelistet. In fast zwei Drittel des Landes wird die Umwelt als „anfällig" beschrieben. 90 Prozent des Graslandes verschlechterten sich weiter, sodass sich die Wüstenbildung fortsetze, was wiederum die Sandstürme verstärke. Zu viele Bäume würden abgeholzt. Die Bauern setzten zu viel Dünger und Insektenvernichtungsmittel ein. Küstengewässer seien verschmutzt, heißt es in dem Weißbuch.

In Städten wie Peking werden die Probleme jedoch besonders deutlich: Täglich werden in der Hauptstadt rund 1000 Autos neu zugelassen. Die Autoabgase würden auch künftig zunehmen, schrieb die englischsprachige Zeitung „China Daily" in einem Leitartikel. Selbst striktere Regeln für Benzinverbrauch und Abgasnormen würden nur begrenzt Erleichterung schaffen, da sich die Zahl der Pkw-Besitzer in den kommenden zehn Jahren voraussichtlich noch verdopple.

Text 3

Vorschriften werden nicht umgesetzt

Die chinesische Wirtschaft wächst jährlich um rund zehn Prozent. Die Berechnungen der Regierung zum Umweltschutz basieren dagegen lediglich auf einer Wachstumsrate von 7,5 Prozent. Dies führe dazu, dass die Bemühungen zum Umweltschutz nicht nachhaltig seien, sagte Zhu. Außerdem würden die Vorschriften der Regierung von den Behörden vor Ort oft nicht umgesetzt. „Einige Verwaltungen zögern bei der Umsetzung oder handeln aktiv entgegen den Vorschriften", sagte Zhu. Die Behörden seien es gewohnt, dass ihre Arbeit auf Basis der wirtschaftlichen Entwicklung beurteilt werde und befürchteten durch die Vorschriften auf diesem Gebiet Einbußen.

Text 4

Umwelt

Generell sieht sich China mit zwei großen Problemkreisen konfrontiert, nämlich dass natürliche Ressourcen verschwinden oder verschmutzt werden. […]
Die Umweltverschmutzung in China hat zum Teil verheerende Ausmaße angenommen. Je nach Studie befinden sich von den zehn schmutzigsten Städten der Welt sieben bis neun in China. Durch den hohen Anteil von Kohle als Brennstoff ist die Belastung mit Schwefeldioxid sehr hoch, der Regen ist in weiten Teilen des Landes sauer. In den letzten Jahren war der SO_2-Ausstoß leicht rückläufig, wohingegen die Belastung mit Stickoxiden, besonders aus dem Straßenverkehr, stark zugenommen hat. Das Wachstumspotential an Fahrzeugen ist zudem sehr hoch. Die Verschmutzung betrifft nicht nur die Städte, auch auf dem Land wird der Umwelt schwerer Schaden zugefügt. Einerseits befanden sich die boomenden TVEs die meiste Zeit außerhalb jeglicher Kontrolle, andererseits wird in der Landwirtschaft die doppelte Menge an Düngemitteln wie im Weltdurchschnitt verwendet. Das Landwirtschaftsministerium schätzt, dass die verschmutzten Äcker genug Nahrungsmittel für etwa 65 Millionen Menschen liefern könnten. Etwa die Hälfte der Flüsse ist so verschmutzt, dass sie nicht einmal die niedrigsten chinesischen Umweltstandards einhalten und nicht einmal zur Bewässerung benutzt werden können. Mittlerweile ist China nach den USA der weltweit größte Produzent von Treibhausgasen, wobei es beim Pro-Kopf-Ausstoß von Treibhausgasen noch recht weit abgeschlagen ist. Es produziert mehr als 36 % der weltweiten Schadstoffemissionen, muss jedoch als Entwicklungsland nach dem Kyoto-Protokoll seinen CO_2-Ausstoß nicht drosseln. Die Umweltverschmutzung ist für ein stark steigendes Auftreten von Lungenkrankheiten und Krebs verantwortlich. Der China Human Development Report 2002 kommt deshalb zum Schluss, dass China am Scheideweg stehe und sich für eine grüne Reform entscheiden müsse. Ansonsten drohe die Umweltzerstörung den erreichten sozialen und wirtschaftlichen Fortschritt zu behindern oder gar wieder zunichte zu machen.

1 Fertige eine Mind-Map zum Thema „Umweltproblematik in China" an. Arbeite im Heft.

2 Erstelle aus der Mind-Map eine Gliederung und fertige ein Inhaltsverzeichnis dazu an. Arbeite im Heft.

DIE MATERIALSAMMLUNG

2 Texte kommentieren und bewerten

Für die Arbeit mit einer Materialsammlung müssen Texte bewertet werden nach **Aktualität**, **Textart**, **Glaubwürdigkeit** und **Absichten**.
Als entscheidende Frage musst du dir stellen: „Was will ich mit dem Text?
Suche ich z. B. wissenschaftlich untermauerte Fakten, Stimmungen und Meinungen, anekdotische Texte zur Auflockerung, ...?
Deshalb erleichtert es dir die Arbeit, wenn du Texte in deiner Materialsammlung unter diesen Aspekten kommentierst.

Lege dir zu jedem Text ein Raster an, in das du deine Kommentare einträgst. So kannst du sicherstellen, dass sie vergleichbar sind.

Kommentar zu Text 1 (Seite 58):

Aktualität:	Tagesschau 05.05.2006 (Achtung! bei Umweltthema kann sich Situation schnell ändern!)
Textart:	Bericht auf der Grundlage des Weißbuchs der chinesischen Regierung
Glaubwürdigkeit:	ARD, man kann Objektivität und journalistische Sorgfalt voraussetzen, Quelle Weißbuch der chinesischen Regierung (wie objektiv ist das?)
Absichten:	Nachrichtensendung, Information
Bewertung:	Enthält einige Fakten, die aber schnell veralten können. Zum Weltumwelttag veröffentlicht. Probleme der Umweltpolitik in China werden angesprochen. Auswirkungen auf Menschen in China werden nicht beschrieben.

: 1   Kommentiere Text 4 (Seite 59) in derselben Weise. Lege dir ein Raster an und arbeite im Heft.

Text 5   **ispo china und Sanfo: Gemeinsam für den Umweltschutz**

Die ispo china setzt sich ab sofort zusammen mit Chinas führender Outdoormarke Sanfo für den Umweltschutz ein und plant diesbezüglich mehrere Aktionen. Unter dem Motto „Chopsticks Activity" 2006 sollen vor allem Outdoorsport-Liebhaber zum Umweltschutz aufgerufen werden. Ein allgemeines, jedoch weitverbreitetes Problem stellen Wegwerf-Essstäbchen in China dar. Einfach und billig in der Herstellung, tragen die Essstäbchen nicht nur zur Verschwendung wertvoller Holzressourcen bei, sondern zudem zur Verschmutzung sanitärer Anlagen. Mit der Aktion „Chopsticks Activity" soll ab sofort ein gesunder und umweltfreundlicher Lebensstil propagiert und gleichzeitig zum Einsatz von edlen Essstäbchen, die mehrmals verwendet werden können, aufgerufen werden. Als Vorreiter und Marktführer im Bereich Outdoorsport in China ist es für Sanfo Outdoor Sports schon seit Gründung der Marke ein wichtiges Anliegen, sich aktiv für den Umweltschutz zu engagieren. Neben verschiedenen Aktionen, die von Sanfo jedes Jahr ins Leben gerufen und unterstützt werden, soll in enger Zusammenarbeit mit der ispo china das „Chopsticks Activity" Projekt für mehr Verständnis, Einsatz, aktive Mitarbeit und die nötige Aufklärung sorgen. So wird das Projekt zur ispo china summer 06 mit einem eigenen Messestand an den Start gehen und die Messebesucher in Form von Seminaren, Aktionen, Foren, Rückblicken und Diskussionsrunden über das brisante Thema informieren und aufklären.

aus: www.ispochina.com

: 2   Schreibe eine Bewertung zu diesem Text. Beachte dabei besonders, wer die Initiatoren der Chopsticks Activity sind und welche Schlüsse du daraus auf die Absichten ziehen kannst. Arbeite im Heft.

60

Text 6 **Aus der Rede des chinesischen Botschafters Ma Canrong vor dem deutschen Bundestag 2007**

Meine Damen und Herren,
… Die chinesische Regierung und das chinesische Volk haben sehr große Anstrengungen für den Umweltschutz unternommen. Dennoch sieht die chinesische Regierung nüchtern ein, dass sich China gerade in einer Phase der beschleunigten Entwicklung der Industrialisierung und Urbanisierung befindet, d. h. auch in einer Phase, in der sich die Gegensätze zwischen Wirtschaftswachstum und Umweltschutz verschärfen und die Umweltsituation noch immer sehr ernst ist. In einigen Regionen sind die Umweltverschmutzung und die Verschlechterung des Ökosystems ziemlich gravierend. Die Ausstoßmenge der Hauptschadstoffe überschreitet die Verträglichkeitsgrenzen der Umwelt, die Verschmutzung von Wasser, Ackerland und Böden ist schlimm, die Verschmutzung durch feste Abfälle, Abgase der Kraftfahrzeuge und langlebige organische Schadstoffe nimmt zu. Angesichts des deutlichen Problems, dass der Druck auf Ressourcen und Umwelt immer größer wird, legte die chinesische Regierung klar fest, dass die Gesamtsituation der wirtschaftlichen und gesellschaftlichen Entwicklung mit einem wissenschaftlichen Entwicklungskonzept angeleitet, der Aufbau einer ressourcensparenden und umweltfreundlichen Gesellschaft beschleunigt und die harmonische Entwicklung von Mensch und Natur gefördert werden soll. Im 11. Fünfjahresplan für die wirtschaftliche und gesellschaftliche Entwicklung Chinas sind die Hauptziele für den Umweltschutz in den kommenden fünf Jahren klar festgelegt. Von 2006 bis 2010 wird China voraussichtlich die Umweltschutzinvestition im Vergleich zu der im 10. Fünfjahresplan verdoppeln. Das ist ein deutliches Zeichen für die Entschlossenheit der chinesischen Regierung, eine nachhaltige Entwicklungspolitik durchzuführen und eine ressourcensparende, umweltfreundliche Gesellschaft aufzubauen. Ich bin fest davon überzeugt, dass der Umwelt- und Energiezustand Chinas sich von Tag zu Tag verbessern werden. Das wird eine große und positive Bedeutung für die globale Umwelt- und Energieentwicklung haben und zum Schutz der Erde als unser gemeinsames Heim beitragen. Herzlichen Dank für Ihre Aufmerksamkeit.

: 3 Ergänze die Markierungen in dem Text. Welche Absicht vermutest du hinter dieser Rede? Beachte Zeitpunkt und Adressaten.

Für die Vorbereitung einer Diskussion kannst du dir Argumentationskarten anlegen, auf denen du Belege für Argumente vermerkst. Benutze dafür am besten DIN-A6-Karten (Postkartenformat).

Thema: Umweltschutz in China

Behauptung: Die Luftverschmutzung in China ist in hohem Maß gesundheitsgefährdend.

Beleg (aus wikipedia):
- hoher Anteil von Kohle als Brennstoff ·······► Belastung mit Schwefeldioxid sehr hoch
- weltweit größter Produzent von Treibhausgasen
- Lungenkrankheiten und Krebs nehmen stark zu (aus tagesschau Mai 2006)
- täglich 1000 Autos in Peking neu zugelassen
- Zahl der PKW Besitzer verdoppelt sich in den nächsten zehn Jahren

: 4 Lege eine Argumentationskarte zu der Behauptung „ Die Landwirtschaft in China trägt stark zu den Umweltproblemen bei" an. Benutze dazu deine Texte. Arbeite im Heft.

DIE MATERIALSAMMLUNG

: 5 Suche zwei weitere Texte im Internet zum Thema „Autos in China", bearbeite und kommentiere sie. Überlege, für welche Behauptung du daraus Belege entnehmen kannst, und lege eine Argumentationskarte an.

: 6 Erarbeite auf der Grundlage deiner Texte einen Schreibplan zu dem Thema:

China und die Umwelt – Wohin geht die Reise?

Notiere bei jeder These stichwortartig, aus welchem Text du welche Informationen verarbeiten kannst.

Einleitung	China bezahlt boomende Wirtschaft mit zunehmenden Umweltproblemen.	Text 1: Konflikt Wirtschaftswachstum – Umwelt Text 4: Umweltzerstörung kann wirtschaftlichen Fortschritt zunichte machen
These 1	Luftverschmutzung erreicht bedenkliche Ausmaße.	Text 2: Text 4: Text 6:
These 2	Die Wasserqualität verschlechtert sich.	
These 3	Die Wüstenbildung schreitet voran.	
These 4	Die extensive Landwirtschaft belastet die Umwelt stark.	

3 Prüfe dich selbst

Kann ich Arbeitsschritte nennen, die nötig sind, um eine Materialsammlung anzulegen?

: 1 Liste die Arbeitsschritte in der richtigen Reihenfolge auf.

_____

_____

Kann ich das Thema für eine Materialsammlung analysieren und aufschlüsseln?

: 2 Suche zu dem Thema „Geld regiert die Welt" geeignete Texte im gesamten Arbeitsheft. Gliedere das Thema für eine Materialsammlung in Unterthemen und ordne die Texte zu. Arbeite im Heft.

Kann ich Texte für eine Materialsammlung kommentieren und bewerten?

: 3 Nenne Aspekte, die du bei der Bewertung von Texten berücksichtigen musst.

_____

_____

: 4 Kommentiere und bewerte den Text „Der Fall Daniela" (Seite 16). Lege dir dazu eine Karteikarte an.

4 Kontrolle und Einschätzung, Tipps zur Weiterarbeit

AUFGABE	BEARBEITET AM	WIEDERHOLT AM	😃 KONNTE ICH GUT	😐 DAS WAR MITTEL	😟 MUSS ICH ÜBEN	Wenn du 😐 oder 😟 angekreuzt hast, dann bearbeite folgende Aufgaben im Teil Lesen und Üben:
: 1						S. 90/1
: 2						S. 90/1
: 3						S. 92/1; S. 93/2, 3; S. 93/4
: 4						S. 92/1; S. 93/2, 3; S. 93/4

EINSCHÄTZUNG ER LEHRERIN/DES LEHRERS ODER DER ELTERN:

ÜBEN UND ANWENDEN:
ARBEITSTECHNIKEN UND METHODEN ZUR TEXTERSCHLIESSUNG UND TEXTAUSWERTUNG

ARBEITSTECHNIKEN UND METHODEN ZUR TEXTERSCHLIESSUNG UND TEXTAUSWERTUNG

Einen Text erschließen

Jedes zweite Kind lebt in Armut

Unicef stellt ersten Weltarmutsbericht aus Sicht der Minderjährigen vor – Kriege und Terror zunehmend Ursachen

■ **Berlin (dpa/AP)** – Fast jedes zweite Kind auf der Welt lebt im Teufelskreis der Armut. Mehr als einer Milliarde Mädchen und Jungen fehlt sauberes Trinkwasser, ausreichende Nahrung, medizinische Versorgung oder ein Dach über dem Kopf.

Zu diesem Ergebnis kommt das UN-Kinderhilfswerk Unicef in seinem ersten Weltarmutsbericht aus Sicht der Kinder, der gestern in Berlin vorgestellt wurde. Neben der allgemeinen Armut sind Kinder zunehmend Opfer von Kriegen, Bürgerkriegen und Terror. 16 der 20 ärmsten Länder in der Welt waren in den vergangenen Jahren Schauplatz kriegerischer Auseinandersetzungen. Seit 1990 sind nach Schätzungen 1,6 Millionen Kinder in Kriegen getötet worden. Hunderttausende Kinder werden als Soldaten missbraucht, die meisten in Afrika und Asien. Junge Mädchen werden Opfer von Vergewaltigung, Verstümmelung, Missbrauch und Versklavung. Auch in den Staaten Osteuropas wächst laut Unicef jedes dritte Kind in Armut auf. Aber auch in den wohlhabenderen Ländern nimmt die Kinderarmut ständig zu. Als „arm" gelten Kinder dann, wenn deren Familien mit weniger als der Hälfte des Durchschnittseinkommens auskommen müssen. In Deutschland stieg dieser Anteil zwischen 1999 und 2000 von gut vier auf neun Prozent. Das heißt, fast jedes zehnte Kind in Deutschland lebt in Armut – allein über eine Million Jungen und Mädchen leben in unserem Land von Sozialhilfe. Der stellvertretende Unicef-Exekutivdirektor Kul Gautam forderte die Regierungen auf, Kinder in den Mittelpunkt der Armutsbekämpfung zu rücken. Um die Lage der Kinder deutlich zu verbessern, seien 40 bis 70 Milliarden US-Dollar (45,3 bis 79,2 Milliarden Euro) im Jahr für Bildung und medizinische Versorgung nötig. Zum Vergleich: Die weltweiten Ausgaben für Waffen und Rüstung betrugen im Jahr 2003 1,08 Billionen Euro.

Cannstatter Zeitung vom 10. 12. 2004

1 Formuliere Fragen an den Text, ausgehend von den unterstrichenen Begriffen in der Überschrift und im Vorspann des Artikels.

2 Unterstreiche die möglichen Antworten mit unterschiedlichen Farben.

Sturm im Zwischendeck, Zeitungsgrafik, 1886

Agnes Bretting: Die Reise. Von der Alten in die Neue Welt

Ferntourismus ist heute für viele ein selbstverständlicher Begriff und es fällt schwer, sich vorzustellen, wie gefährlich und ungewiss eine Fahrt über den Atlantik noch vor etwa 150 Jahren war. Die Entscheidung, aus der Heimat fortzuziehen, um in der unbekannten Fremde von vorne anzufangen, war von einschneidender Bedeutung für die Menschen. Die Verwirklichung des Entschlusses war oft schwierig, mit Sicherheit aber war die Reise der anstrengendste und risikoreichste Teil der Auswanderung. Auf der Fahrt zum Einschiffungshafen und, nach der Ankunft in Amerika, zum Ort der Neuansiedlung war der Auswanderer bereits vor viele Probleme gestellt, doch konnte er wenigstens selbst entscheiden, wer sein Agent sein sollte, mit welchem Verkehrsmittel er reisen, wo er übernachten und was er kaufen wollte. Auf der Atlantiküberfahrt hatte er dann keine Entscheidungsmöglichkeiten mehr, er konnte nur noch hoffen, dass er gesund blieb und die Reise normal verlief.

In der Segelschiffzeit bis etwa zur Mitte des 19. Jahrhunderts war die Überfahrt so strapaziös und lebensgefährlich, dass nur wenige sie ein zweites Mal wagten; die Dampfschifffahrt änderte dies, so dass mehr Auswanderer sich entschlossen, zu Besuch in die alte Heimat zurückzufahren. Segelschiffe waren von Wind und Wetter abhängig, die Dauer der Überfahrt war unkalkulierbar. Auswanderer waren zudem für Kapitäne und Schiffseigner im Allgemeinen nur Fracht, ihre Unterbringung war auf das Notwendigste beschränkt. Das Zwischendeck war ein provisorisches Quartier zwischen Oberdeck und Laderaum; für die Rückfahrt mit Fracht aus Amerika konnte es ohne großen Aufwand wieder entfernt werden. An den Schiffswänden und manchmal auch in einer Reihe in der Mitte des Raums wurden grobe, zweistöckige Kojen zusammengezimmert, die für je fünf Personen gedacht waren. Jedem Erwachsenen stand Platz von 47 cm Breite zur Verfügung, für Kinder rechneten die Beförderer die Hälfte, Kleinkinder zählten nicht als Personen. Die Kojen waren aber nicht nur Schlafgelegenheit, sie waren auch der einzige Platz, der den Auswanderern für die lange Zeit der Überfahrt zur Verfügung stand. Das meiste Gepäck wurde zwar im Laderaum unter dem Zwischendeck verstaut, doch all die Kisten und

ÜBEN UND ANWENDEN:
ARBEITSTECHNIKEN UND METHODEN ZUR TEXTERSCHLIESSUNG UND TEXTAUSWERTUNG

Kästen, die die Dinge enthielten, welche die Menschen während der Reise
benötigten, stapelten sich zwischen den Kojen. Mancher Kapitän brachte auch
noch Frachtgut im Zwischendeck unter. Tische und Bänke gab es nicht.

35 Die Auswanderer mussten Matratzen, Bettzeug, Ess- und Kochgeschirr
mitbringen. Lange Zeit waren sie für ihre Verproviantierung selbst verantwortlich. Die deutschen Häfen Bremen und Hamburg waren die ersten, die
diesen wichtigen Teil der Reiseplanung 1832 und 1837 auf die Expedienten
übertrugen. Auf dem Oberdeck waren einige wenige Toiletten, zum Waschen
wurde ein Fass mit Seewasser gefüllt. Kochgelegenheiten gab es nur auf dem
40 offenen Deck, da das Hantieren mit offenem Feuer im Zwischendeck strikt
verboten war, da alle Auswanderer – und das hieß in der Regel alle Frauen an
Bord – wenigstens einmal am Tag eine warme Mahlzeit anrichten mussten,
reichte die Zahl der Kochstellen nie aus. Kochen war ein ständiges Problem für
die Reisenden; diejenigen, die sich nicht täglich mit viel Energie einen Platz
45 am Herd erkämpfen konnten, mussten an manchen Tagen ohne warmes Essen
auskommen. […]

Die Zwischendeckpassagiere bildeten eine bunt zusammengewürfelte Rei-
segesellschaft. Männer, Frauen und Kinder jeden Alters waren für Wochen auf
engstem Raum zusammengepfercht, Menschen unterschiedlicher Nationalität
50 und Herkunft und verschiedener Religionszugehörigkeit. Sie kamen aus allen
Berufsgruppen und sozialen Schichten, reisten in Familien, mit Freunden oder
allein. Sie alle mussten über lange Zeit miteinander auskommen: Im 18. Jahrhundert dauerte eine Überfahrt gewöhnlich sechs bis acht Wochen, Segelschiffe
im 19. Jahrhundert waren in der Lage, die Reise in fünf bis sechs Wochen zu
55 bewältigen. Bei ungünstiger Witterung, Beschädigung des Schiffes durch Sturm
oder auch bei lang anhaltenden Flauten dauerte die Fahrt länger, Überfahrten
bis zu 100 Tagen Dauer waren keineswegs selten.

: 3 Markiere Schlüsselwörter im Text, entsprechend der Vorgabe im ersten Abschnitt.

: 4 Gliedere den Text in Sinnabschnitte und versieh die Abschnitte mit einer Überschrift am Rand.

! : 5 Halte wichtige Erkenntnisse in einem zusammenhängenden Text fest.

„Die Stufen des Spracherwerbs"

Kinder lernen das Sprechen unterschiedlich schnell. Im Durchschnitt mit
zwei Monaten lassen Babys ein „örre" oder „kraa" ertönen; die Laute in dieser
ersten Lallphase entstehen durch zufällige Muskelbewegungen in Mund,
Hals und Kehlkopf. Ab dem sechsten Monat beginnt die zweite Lallphase mit
5 Silbenketten („dadada, gaga, jaja"). Diese Monologe ähneln in Rhythmus und
Tonfall bereits der Muttersprache. Im Alter von etwa neun Monaten kann das
Baby die Mundbewegungen bewusst steuern, sodass es eine einzige Doppel-
silbe formt, zum Beispiel „Mama". Loben die Eltern das Kind dafür, begreift
es allmählich, sinnvolle Wörter von sinnlosen Lautketten zu unterscheiden.
10 Ab etwa dem zwölften Monat folgen die ersten sogenannten Protowörter (z. B.
„wauwau"). Zu Beginn werden sie nur kontextbezogen verwendet – nur ein
ganz bestimmter Ball ist „Balla" –, in einer späteren Phase kann jeder Mann
„Papa" sein. Ab anderthalb Jahren kommt es zu einer regelrechten Wortschatz-
explosion. Bald darauf bildet das Kind die ersten Zwei-Wort-Sätze, zeitgleich
15 beginnt das erste Fragealter („Tür auf?"). Die Kinder werden geschickter darin,
Verben zu beugen und Plural zu bilden, die Sätze werden länger. Mit etwa drei
Jahren setzt das zweite Fragealter („warum?", „wie?") ein. Mit etwa vier Jahren
beherrschen die meisten Kinder die grammatikalischen Grundlagen, parallel
wächst der Wortschatz stetig. Das Gehirn speichert Begriffe nebst zusätzli-
20 chen Aspekten in einem mentalen Lexikon, etwa „Frosch = Tier, quakt, eklig".
Mit sechs Jahren kann das Kind reimen und Wörter in Silben zerlegen – wichtige Fähigkeiten für das Erlernen von Lesen und Schreiben. Die wesentlichen
Grundsteine sind damit gelegt.

Quelle: GeoWissen Nr. 40 Sprache S. 40

: 6 In dem Text sind Strukturwörter unterstrichen, die den zeitlichen Ablauf des Spracherwerbs markieren. Markiere weitere Wörter, welche die inhaltliche Aussage des Textes strukturieren. Erkläre am Rand grafisch oder mit Worten die jeweilige Bedeutung.

: 7 Fasse die Stufen des Spracherwerbs in wenigen Sätzen zusammen.

Geld: Wissen im Überblick

Die früheste Form des Handels ist der Warentausch, der überall dort entsteht, wo arbeitsteilig produziert wird. Als Naturaltausch Ware gegen Ware gelingt er nur dann, wenn sich zwei Tauschpartner finden und sie sich über den Wert der zu tauschenden Güter einigen können. In allen Kulturen erkannten die Menschen den Vorteil eines Tauschmittels in der Gestalt einer allgemein benötigten oder begehrten Ware. Ein solches zwischengeschaltetes Tauschmittel heißt ›Geld‹. Es vereinfacht den Warentausch des Marktes, weil es unbegrenzte Tauschketten ermöglicht, weil es als Wertmesser dient und weil es Wertübertragung und -aufbewahrung erleichtert. Grundsätzlich gilt ein solches Tauschmittel, unabhängig von seinem Stoffwert, solange die Tauschpartner es im Handel anerkennen und ihm vertrauen. Seine Einführung bedeutet den Übergang von der Naturalwirtschaft zur Geldwirtschaft. Beide Wirtschaftsformen können auch gleichzeitig nebeneinander bestehen, wie z.B. im europäischen Mittelalter (Regionalmärkte, Naturalabgaben, Arbeitslöhne) oder zu Zeiten großer Warenknappheit und geringer Kaufkraft des Geldes.

1 Ein frühes Tauschmittel war seit dem 3. Jahrtausend v.Chr. das unentbehrliche Metall. Kupfer, Bronze und Eisen dienten in den Formen von Barren, Werkzeugen oder Geräten, Gold und Silber als Klumpen, Barren oder Schmuck als begehrtes Tauschmittel. Metall ist leichter zu transportieren und zu horten als Naturalgüter wie Getreide, Vieh oder Salz. Der Wert des Tauschmittels, seine ›Kaufkraft‹, war abhängig von Gebrauchswert, Seltenheit oder Gewicht. Der gegossene Kupferbarren mit dem beiderseitigen Bild eines Stieres wiegt 1531 g. Er diente, im Wert eines Rindes, um 300 v. Chr. in Mittelitalien als Tauschmittel oder als Opfergabe und zeigt, wie Barrengeld das ältere ›Viehgeld‹ ersetzte.

2 Im 7. Jh. v.Chr. verwendeten Kaufleute der Küstenstädte Kleinasiens kleine abgewogene Goldklümpchen als Zahlungsmittel. Feingehalt und Gewicht waren geprüft und durch Punzzeichen markiert. König Alyattes von Lydien (610–560) ließ aus Elektron, einer natürlichen Gold-Silber-Legierung, Münzen schlagen. Sein Königszeichen garantierte den Wert des vollwertigen Zahlungsmittels. Der Nachfolger Kroisos (560–547) prägte Münzen aus reinem Gold (Goldstater). Seit 560 schlugen die Stadtstaaten Großgriechenlands, die Fernhandel trieben, vollwertige Silbermünzen. Um 500 v. Chr. verwendete man im gesamten Mittelmeerraum Münzen aus Edelmetall. *Oben:* Elektron-Drittelstater aus Lydien, zwischen 625 und 610 v. Chr. *Unten:* Vorder- und Rückseite eines attischen Tetradrachmons aus Silber, 430–407 v. Chr.

3 Im Römischen Weltreich der Kaiserzeit war römisches Münzgeld das wichtigste Zahlungsmittel der entwickelten Geldwirtschaft. Die Münzhoheit hatte der Kaiser; deshalb trugen die Münzen sein Bildnis. Das Relief aus dem 2./3. Jh. n. Chr. zeigt, wie Pächter die Pachtsummen bar bezahlen. Es zeigt zugleich, daß mit Münzwährung Fernhandel nur dann möglich ist, wenn Geld ohne Mühen und Risiken transportiert werden kann. Deshalb gab es schon seit dem 2. Jh. v. Chr. in Ägypten ein Netz öffentlicher Kleinbanken mit einer Zentrale in Alexandria, die nicht nur Münzsorten wechselten, sondern auch Geld deponierten, Darlehen gegen Zinsen vergaben und mit Hilfe von Wechselbriefen bargeldlose Zahlungen vermittelten. Dieses Bankensystem war in der Kaiserzeit im gesamten Römischen Reich verbreitet und unterstand staatlicher Aufsicht.

a b c d

4 Im Mittelalter gingen Münz- und Währungseinheit verloren, weil Kaiser und Könige ihr Münzrecht Fürsten und Städten übertrugen. Eine Vielzahl von voll- und unterwertigen Münzen war im Umlauf. Der Fernhandel brauchte jedoch die vollwertige, verläßliche Goldmünze. Für Jahrhunderte waren der Florentiner Gulden (Florin) und die gleichwertige Zechine Venedigs (Dukat) das Handelsgeld Europas und der Welt. Weil der Münzenbedarf die Goldproduktion überstieg, ging man, zunächst in Deutschland, zur Silberwährung über und prägte silberne Taler als Ersatz für Goldgulden. a) Florin (13. Jh.); b) Dukat (14. Jh.); c) Reichstaler, Sagan 1629; d) Konventionstaler, Regensburg 1756.

5 Wegen der Vielzahl von Münzen und Währungen gab es an den Markt- und Messeplätzen seit dem 12. Jh. Geldwechsler, die Sorten tauschten und auch Geld gegen Pfand und Zinsen verliehen. Das Bild zeigt einen flämischen Wechsler hinter seiner Bank, der Gewicht und Feingehalt von Münzen prüft. Die Frau blättert in einer kostbaren Handschrift, die entweder ein Zeichen des eigenen Wohlstandes oder aber eines der Pfänder ist, wie der Kristallpokal, die Ringe und Perlen auf dem Tisch.

6 In den Handelszentren Norditaliens verwendeten seit dem 14. Jh. die Geldwechsler (›Lombarden‹) neue Techniken des Geschäftsverkehrs, die wir auch heute verwenden und z.T. mit den Wörtern ihrer Fachsprache bezeichnen. Kaufleute gaben Handelsgewinne der Wechselbank zur Aufbewahrung und konnten durch schriftliche Anweisung jederzeit und am anderen Ort über ihr ›Konto‹ verfügen. Depositenscheine, Schecks und vor allem Wechselbriefe der Banken dienten nicht nur der bargeldlosen Wertübertragung, sondern waren auch zirkulierende Zahlungsmittel, ein Surrogatgeld neben dem Münzgeld. Das Bild zeigt eine italienische Bank im 15. Jh. Am rechten Tisch wird Bargeld übertragen, am linken ein Wechsel entgegengenommen. Der bargeldlose Giro-Verkehr setzt voraus, daß weitverzweigte Geschäftsverbindungen der Banken bestehen. Da die Erfahrung zeigte, daß die Banken nur einen Teil des hinterlegten Geldes verfügbar halten müssen, um Barauszahlungen zu sichern, konnten sie Depositen weiterverleihen oder zur Deckung von Banknoten nutzen, um Kredite zu geben. Auf solche Weise schufen Banken ein zusätzliches Papiergeld.

7 Seit dem 17. Jh. gibt es in Europa stoffwertloses Papiergeld, das zunächst durch Edelmetalldepots der Banken gedeckt war. Im 18. Jh. hatten die Staatsbanken das Monopol, Banknoten in Umlauf zu setzen, die seit dem 19. Jh. als gesetzliches Zahlungsmittel gelten. Das Umlaufvolumen regulierte der Staat. Ist es zu groß, tritt Geldüberhang und damit Geldentwertung (›Inflation‹) ein, wie man sie z.B. an den Banknoten des Deutschen Reiches von 1910, 1922 und 1923 sehen kann.

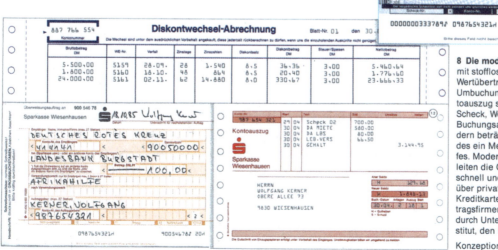

8 Die moderne Geldwirtschaft arbeitet mit stofflosem Giral- oder Buchgeld. Wertübertragung geschieht hier durch Umbuchung und wird auf dem Kontoauszug sichtbar. Zahlungsmittel sind Scheck, Wechsel, Überweisungs- und Buchungsauftrag. In den Industrieländern beträgt das Volumen des Giralgeldes ein Mehrfaches des Bargeldumlaufes. Moderne Kommunikationsformen leiten die Geldströme des Weltmarktes schnell und zuverlässig. Die Verfügung über privates Giralgeld erleichtert die Kreditkarte. Ihr Inhaber kauft bei Vertragsfirmen des Kreditkarteninstituts durch Unterschrift und erlaubt dem Institut, den Kredit vom Konto abzurufen.

Konzeption: Lothar Schuckert

ÜBEN UND ANWENDEN:
ARBEITSTECHNIKEN UND METHODEN ZUR TEXTERSCHLIESSUNG UND TEXTAUSWERTUNG

8 Mit welchen Visualisierungen kann der Lexikonartikel über das Geld (Seite 68f.) ausgewertet werden? Beschreibe kurz die jeweiligen Vor- und Nachteile.

	VORTEILE	NACHTEILE
Tabelle		

9 Stelle die Entwicklung des Geldes in einem Zeitstrahl übersichtlich dar. Verwende ein Blatt im Querformat.

10 Vergleiche in einer Tabelle die verschiedenen Arten von Geld.

WARE	METALL	MÜNZE	PAPIER	GIRALGELD

11 Die Entwicklung des Geldes lässt sich auch mithilfe eines Flussdiagramms veranschaulichen. Fertige es an. Arbeite im Heft.

Geistesgeflecht

Das Geheimnis des Lernens und Erinnerns steckt in der Art und Weise, wie Milliarden von Neuronen miteinander verknüpft sind.

Die Pyramidenzellen in der menschlichen Großhirnrinde – sie heißen so wegen der Form ihres Zellkörpers – sind anders als die Schaltelemente eines Computers weitgehend zufällig ver-
5 knüpft. Dass ein Neuron dabei über seine Eingangskabel, die Dendriten, Signale von etwa 10 000 Neuronen empfangen und wiederum über sein Ausgangskabel, das Axon, Signale an 10 000 weitere Zellen übertragen kann, erlaubt eine Komplexität astronomischen Ausmaßes.

Am Ende des Axons stellt eine besondere Struktur, die Synapse, den Kontakt zu einem anderen Neuron her. Sind miteinander verbundene Zellen gemeinsam aktiv, verstärken sich

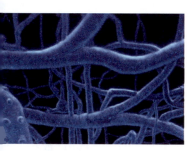

Nervenbahnen in der Vergrößerung

₁₀ die Synapsen. Komplementär dazu bilden sich Kontakte zwischen Neuronen, die selten oder nie zusammen feuern, auch wieder zurück. Der Verstärkungsmechanismus schweißt Zellen zu sogenannten neuronalen Assemblys zusammen. Die „Zündung" eines solchen Netzwerks […] bedeutet die Aktivierung der entsprechenden Information. So feuern etwa beim Anblick eines Apfels immer wieder eine Reihe von Neuronen gleichzeitig. Deren Verbindung verstärkt sich
₁₅ nach und nach, eine Assembly entsteht, deren Aktivität den Apfel repräsentiert. Je öfter sich der Lernprozess wiederholt, desto leichter zündet die Assembly. Irgendwann reicht es, nur Teile des Apfels verschwommen zu sehen, um das Netzwerk zu aktivieren und den ganzen Apfel im Geist aufscheinen zu lassen.

1. Das normale Feuerwerk

₂₀ Die Signalübertragung zwischen Nervenzellen funktioniert meist chemisch. An der Synapse schüttet die Endknospe des Axons einen Überträgerstoff, einen Neurotransmitter, aus – in diesem Fall die Substanz Glutamat. Diese wandert durch den synaptischen Spalt und erzeugt ein Aktionspotenzial, einen elektrischen Impuls. Ein speziell für Kalzium-Ionen ausgelegter Rezeptorkanal, der NMDA-Rezeptorkanal, bleibt bei normaler Erregung indes verschlossen. Kalzium
₂₅ aber spielt eine entscheidende Rolle bei der Verstärkung von Synapsen, und damit beim Lernen.

2. Wenn das Lernen „zündet"

Feuert das Axon etwa beim Üben einer Aufgabe mit hoher Frequenz, werden große Mengen Neurotransmitter ausgeschüttet. Dadurch verändert sich das elektrische Potenzial der Zelle derart, dass das Magnesium-Ion aus dem NMDA-Rezeptor freigesetzt wird. Nun strömen Kalzium-
₃₀ Ionen durch diesen Kanal und setzen eine Kaskade biochemischer Prozesse in Gang.

Sie führen letztlich dazu, dass Gene angeschaltet, die Produktion bestimmter Eiweiße angekurbelt und vermutlich auch zusätzliche Rezeptorkanäle eingebaut werden. Der Dendrit, also der Eingangskanal, sendet in einer Rückkopplung einen Botenstoff zurück an das Axon, das daraufhin die Ausschüttung von Glutamat erhöht. Insgesamt verstärken die Strukturänderungen den
₃₅ Kontakt zwischen den beiden Nervenzellen und codieren so im Konzert mit anderen Neuronen die gelernte Information.

12 Stelle den Lernprozess, der im Text beschrieben wird, als Flussdiagramm dar. Beginne folgendermaßen. Arbeite im Heft.

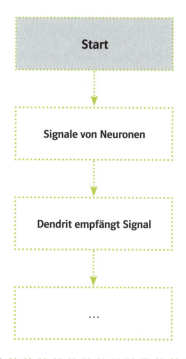

ÜBEN UND ANWENDEN:
ARBEITSTECHNIKEN UND METHODEN ZUR TEXTERSCHLIESSUNG UND TEXTAUSWERTUNG

Arbeitstechniken und Methoden zur Textauswertung

Der Markt, die Preise und die Inflation (Kapitel 4)

Glaub bloß nicht, dass die „Marktkräfte" oder das „Gesetz von Angebot und Nachfrage" abstrakte, wirklichkeitsfremde Gebilde sind. Natürlich ist mit Markt nicht immer der Gemüsehändler gemeint, der gleich um die Ecke seinen Stand aufbaut, und auch nicht die Boutiquen, in denen du dir deine Klamotten besorgst. Häufig ist er an keinen konkreten Ort gebunden. Oft ist nur ein Telefon nötig, wie zum Beispiel an der Börse, oder wenn von einem Ende der Welt zum anderen mit Rohstoffen oder Devisen gehandelt wird.

Dennoch ist der Markt eine ganz konkrete, ja greifbare Sache, fast wie ein Lebewesen, dessen Regungen von den Individuen und staatlichen Einrichtungen abhängen, die quasi seinen Blutkreislauf und sein Nervensystem bilden. Er reagiert auf Signale, die seine Bewegungen regulieren wie Ampeln den Verkehr. Diese Signale sind die Preise. Ihre Schwankungen weisen die Hersteller oder Käufer darauf hin, dass sie mehr oder weniger produzieren bzw. kaufen sollten.

Wie funktioniert das? Schauen wir uns noch einmal die Prinzipien unserer alten Meister an. Die rückläufige Grenzproduktivität und Kosten der Produktionsfaktoren zeigen den Unternehmern, welche Menge an Arbeit, Maschinen und Sonstigem für die Produktion benötigtem
15 Material genau die „richtige" ist. Aus den entsprechenden Herstellungskosten ergibt sich dann natürlich der Mindestpreis, zu dem der Unternehmer seine Ware verkaufen muss, wenn er nicht in absehbarer Zeit Bankrott machen will. Je höher der Verkaufspreis, desto größer sein Profit. Ich denke, soweit sind wir uns einig, oder?

Aber der Unternehmer kann, was die Preise betrifft, nicht tun, was er will, weil hier auch
20 der Verbraucher ein Wörtchen mitzureden hat. Dieses Wörtchen hängt natürlich zum einen von seinen finanziellen Möglichkeiten ab, jedoch auch von der Befriedigung, die ihm der Konsum bereitet – und diese Befriedigung wird bekanntlich vom Grenznutzen bestimmt.

Selbstverständlich wünscht sich der Verbraucher einen möglichst niedrigen Preis. Aber erst wenn die Preisvorstellungen sämtlicher Hersteller und Konsumenten zusammentreffen, führt
25 dies zu einem Marktpreis. Der wiederum schwankt je nach Angebot und Nachfrage. In der Regel gilt Folgendes: Je höher der Preis, desto geringer die Nachfrage und desto größer das Angebot.

(ca. 330 Wörter)

1 Streiche in dem Text alle unnötigen beziehungsweise unwichtigen Wörter durch, so dass ca. 100–110 Wörter übrig bleiben.

2 Vergleiche den gekürzten Text auf Seite 73 mit deinen Kürzungen.

72

Der Markt, die Preise und die Inflation (Kapitel 4)

Glaub bloß nicht, dass die „Marktkräfte" oder das „Gesetz von Angebot und Nachfrage" abstrakte, wirklichkeitsfremde Gebilde sind. Natürlich ist mit Markt nicht immer der Gemüsehändler gemeint, der gleich um die Ecke seinen Stand aufbaut, und auch nicht die Boutiquen, in denen du dir deine Klamotten besorgst. Häufig ist er an keinen konkreten Ort gebunden. Oft ist nur
5 ein Telefon nötig, wie zum Beispiel an der Börse, oder wenn von einem Ende der Welt zum anderen mit Rohstoffen oder Devisen gehandelt wird.

Dennoch ist der Markt eine ganz konkrete, ja greifbare Sache, fast wie ein Lebewesen, dessen Regungen von den Individuen und staatlichen Einrichtungen abhängen, die quasi seinen Blutkreislauf und sein Nervensystem bilden. Er reagiert auf Signale, die seine Bewegungen
10 regulieren wie Ampeln den Verkehr. Diese Signale sind die Preise. Ihre Schwankungen weisen die Hersteller oder Käufer darauf hin, dass sie mehr oder weniger produzieren bzw. kaufen sollten.

Wie funktioniert das? Schauen wir uns noch einmal die Prinzipien unserer alten Meister an. Die rückläufige Grenzproduktivität und Kosten der Produktionsfaktoren zeigen den
15 Unternehmern, welche Menge an Arbeit, Maschinen und Sonstigem für die Produktion benötigtem Material genau die „richtige" ist. Aus den entsprechenden Herstellungskosten ergibt sich dann natürlich der Mindestpreis, zu dem der Unternehmer seine Ware verkaufen muss, wenn er nicht in absehbarer Zeit Bankrott machen will. Je höher der Verkaufspreis, desto größer sein Profit. Ich denke, soweit sind wir uns einig, oder?
20 Aber der Unternehmer kann, was die Preise betrifft, nicht tun, was er will, weil hier auch der Verbraucher ein Wörtchen mitzureden hat. Dieses Wörtchen hängt natürlich zum einen von seinen finanziellen Möglichkeiten ab, jedoch auch von der Befriedigung, die ihm der Konsum bereitet – und diese Befriedigung wird bekanntlich vom Grenznutzen bestimmt.

Selbstverständlich wünscht sich der Verbraucher einen möglichst niedrigen Preis. Aber erst
25 wenn die Preisvorstellungen sämtlicher Hersteller und Konsumenten zusammentreffen, führt dies zu einem Marktpreis. Der wiederum schwankt je nach Angebot und Nachfrage. In der Regel gilt Folgendes: Je höher der Preis, desto geringer die Nachfrage und desto größer das Angebot.

(ca. 330 Wörter)

: 3   Schreibe eine sprachlich gute Kurzfassung des Textes auf.

Kaffee – Besser als sein Ruf (Sebastian Jutzi, Focus 44/2006)

Zahlreiche Studien weisen auf positive gesundheitliche Wirkungen von Kaffee hin. Der schwarze Trank verliert sein Killer-Image.

Tod durch Kaffee. So lautete das Urteil, das König Gustav III. von Schweden im 18. Jahrhundert über einen Delinquenten fällte. Statt eines Henkers sollte täglicher Konsum des schwarzen
5 Getränks das Ableben des verurteilten Mörders herbeiführen. Um seine Hypothese von der Giftigkeit des Kaffees zu bestätigen, musste ein weiterer Todeskandidat unter ärztlicher Aufsicht täglich Tee trinken. Beide Verurteilten überlebten die betreuenden Ärzte und den Herrscher. Der Teetrinker starb im Alter von 83 Jahren – noch vor dem Kaffeetrinker.

Das königliche Experiment genügt zwar nicht strengen wissenschaftlichen Kriterien. Neue
10 Studien belegen den Augenschein allerdings: Kaffee verliert sein Killer-Image. „Die früher gern gemachte Aussage, Kaffee sei generell ungesund, lässt sich heute nicht mehr halten", konstatiert Thomas Hofmann, Professor für Lebensmittelchemie an der Universität Münster. Kaffee ist ein komplexes Gemisch aus mehr als 1 000 Substanzen, viele sind in ihrer Wirkung auf den
15 Menschen noch unerforscht. Als Krankmacher Nummer eins galt lange Zeit das Koffein. Seinen Effekt auf den Organismus spürt der Kaffeetrinker unmittelbar. Die anregende Wirkung des Alkaloids beruht auf seiner Ähnlichkeit mit dem Botenstoff Adenosin. Dieses dockt an Rezeptoren von Nervenzellen an,
20 dämpft ihre Aktivität und verhindert gleichsam ein Überhitzen des Nervensystems. Koffein blockiert die Adenosin-Rezeptoren, ohne sie zu aktivieren. In normalen Dosen von ein bis zwei Tassen Filterkaffee steigert Koffein deshalb die Aufmerksamkeit und verdrängt Müdigkeit. Der menschliche Körper entwickelt
25 rasch eine Toleranz gegenüber Koffein, indem Nervenzellen vermehrt Adenosin-Rezeptoren bilden. „Wer regelmäßig Kaffee trinkt, spürt die Wirkung von Koffein weniger", sagt Veronika Somoza, Ernährungswissenschaftlerin von der TU München. „Wer dagegen nicht an Kaffee gewöhnt ist und plötzlich meh-
30 rere Tassen trinkt, sieht sich mit Symptomen einer Überdosierung konfrontiert, zum Beispiel Nervosität oder einer erhöhten Herzschlagfrequenz."

Auch in Sachen Blutdruck erfährt Kaffee Entlastung. Wolfgang Winkelmayer, Mediziner an der Harvard School of
35 Public Health, wies in einer Langzeituntersuchung von mehr als 150 000 Frauen nach, dass „Kaffeekonsum nicht zu chronisch erhöhtem Blutdruck führt". Für Männer würden derzeit ähnliche Studien angestellt. Rob van Dam, Ernährungswissenschaftler an der Harvard School of Public Health, assistiert
60 seinem Kollegen: „Kaffee enthält wahrscheinlich Substanzen, die zu erwartende negative Effekte von Koffein verhinderten."

Wer nun euphorisch zur Tasse greift, sollte allerdings eine Studie von mehr als 4000 Costa-Ricanern berücksichtigen. Demnach gibt es Menschen, deren genetische Ausstattung dazu führt, dass sie Koffein nur langsam abbauen. Diese Menschen erhöhen ihr Risiko für einen Herzinfarkt
65 um 36 Prozent, wenn sie mehr als eine Tasse pro Tag trinken. Ein kommerzieller Gentest für die schlechten Koffeinverwerter existiert derzeit noch nicht.

Die Art der Zubereitung sollten vor allem Menschen berücksichtigen, die zu erhöhtem Cholesterinspiegel neigen. Ungefilterte Kaffees, zum Beispiel aus der Espressomaschine oder der Pressstempelkanne, enthalten wesentlich mehr Fette. […]

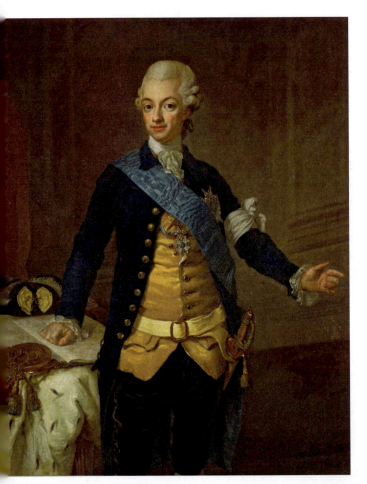

König Gustav III. von Schweden

: 4 Exzerpiere den Text mithilfe des vorgegebenen Musters. Beachte dabei, dass du
- besonders markante Stellen wörtlich zitierst, damit du sie später in einem Text übernehmen kannst.
- die Namen von Fachleuten, auf die du dich berufen kannst, notierst.
- Fachbegriffe im Fremdwörterbuch nachschlägst und dir die Bedeutung sofort in Klammern oder als Fußnote aufschreibst (z. B. Alkaloid = besonders in Pflanzen vorkommend, vorwiegend giftig, Heil- und Rauschmittel).

Ernährung/Kaffee

Quelle: ....

Thema: ....

Abschnitt 1: ....

....

....

Abschnitt 2: ....

....

....

....

....

....

....

Kommentar: ....

....

....

....

: 5 Bearbeite dein Exzerpt.
- Markiere in jedem Abschnitt ein bis zwei zentrale Stichwörter.
- Notiere dir Besonderheiten mit Symbolen am Rand (z. B. Z für Zitat, S für Statistik, ? für unklar, ! für besonders wichtig).

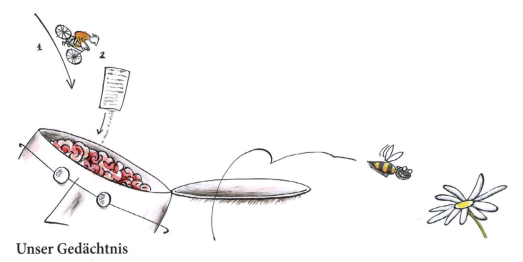

Unser Gedächtnis

Schlafen und Wachen, Träumen und bewusstes Denken, Lernen, Erinnern und Vergessen – zwischen diesen „Polen" bewegt sich menschliches Leben. Kein Wunder also, dass Vieles davon sprichwörtlich geworden ist. Das reicht von so einfachen Feststellungen wie „Den Seinen gibt's der Herr im Schlaf" oder „Was Hänschen nicht lernt, lernt Hans nimmermehr" bis hin zu der Klage „Ich hab´ ein Gedächtnis wie ein Sieb". Die Unsicherheit darüber, was denn nun Lernen, Gedächtnis, Denken und Träumen seien, schlägt sich auch in wissenschaftlichen Begriffsbestimmungen nieder.

Der Lernpsychologe Schuster nennt folgende Definition: „Wenn man von Gedächtnis oder vom Lernen spricht, so scheint das Wort einen Prozess zu bezeichnen. Es gibt auch die Worte, ‚sich etwas merken' oder ‚etwas behalten'. Die Bedeutung dieser Worte ist zu dem Wort ‚lernen' synonym."

Der Neurophysiologe und Nobelpreisträger Eccles (1989) nähert sich dem Problem mit einem Computervergleich: „Lernen heißt im Grunde, etwas im Gedächtnis zu speichern und Gedächtnis im Sinne von Erinnern heißt, aus diesem Speicher in den ‚Datenbanken' des Gehirns etwas hervorzuholen".

Letztlich sind es zwei Pfade, die in das Gedächtnis führen: Wissenschaftler sprechen von deklarativem Lernen, etwa dem Abspeichern von Nachrichten und Namen, und vom prozeduralen Lernen, z.B. dem Einüben von Bewegungsabläufen. Was das Gehirn auf deklarative Weise verarbeitet hat, kann es sich bewusst in Erinnerung rufen. Prozedurales Wissen hingegen ist dem Bewusstsein nur bedingt zugänglich – wer kann schon genau erklären, wie man Fahrrad fährt?

Manche, vor allem unbewusste Lernvorgänge können allerdings zu fatalen Verschaltungen im Kopf führen. Denn das Gehirn lernt immer – es kann gar nicht anders. „Lernen ist mehr als Wissenserwerb", mahnt der Freiburger Didaktikforscher Gerhard Preiß: „Auch in der chaotischsten Unterrichtsstunde lernen die Schüler ungeheuer viele, teils verhängnisvolle Dinge." Dass sie beispielsweise erst gar nicht versuchen sollten, einen englischen Satz zu bilden, weil dann alle lachen.

Angst ist eine schlechte Lehrmeisterin. Die Furcht, sich zu blamieren oder durch eine Prüfung zu rasseln, erzeugt Stress. Der jedoch führt im Körper u. a. zur Ausschüttung des Hormons Cortisol, das die Funktion des Hippocampus beeinträchtigt.

Kontraproduktiv für einen Lernprozess ist es auch, Fehler allzu ausgiebig zu korrigieren. Denn anders als vom Volksmund behauptet, gelingt es nur überdurchschnittlich Intelligenten, aus Fehlern zu lernen. Wie ein Experiment des US-Psychologen Stanley Gully zeigt, überwiegt bei den meisten Menschen der entmutigende Effekt, versagt zu haben, und schmälert so den Übungserfolg.

Umgekehrt ist Lernen eine Quelle des Wohlgefühls: Wann immer ein höheres Lebewesen eine neue, positive Erfahrung macht, schüttet das Belohnungssystem seines Gehirns den Botenstoff Dopamin aus. Dieser Stoff löst u. a. ein Gefühl freudiger Erregung aus, eine angenehme Spannung, Wachheit des Geistes und den Wunsch, noch mehr und noch Großartigeres zu erleben. Schon Bienen begreifen auf ähnliche Weise, welche Blumen den meisten Nektar zu bieten haben.

Bei Menschen stellt sich diese Empfindung ein, wenn sie eine neue Information wie ein Puzzleteil in ihren Wissensschatz einfügen konnten. „Eine neue Stadt zu entdecken, eine neue Sprache zu lernen löst ein ähnliches Gefühl aus, wie die Einnahme von Drogen", sagt der amerikanische Hirnforscher John Gottman. Lernen macht auf natürliche Weise Lust auf mehr.

45 Gleichzeitig gilt: Wer schon gut gelaunt ist, lernt besser. Denn Dopamin steuert, neben anderen Hormonen, wie Noradrenalin und Acetylcholin, die Aufmerksamkeit. Nicht umsonst kennt die deutsche Sprache den Begriff „Neugier". Unter Einfluss von Dopamin ist das Gehirn geradezu süchtig nach Neuem.

Das gilt besonders für junge Menschen. „Sie treten von sich aus aktiv an die Umwelt heran 50 und stellen Fragen", sagt der Frankfurter Hirnforscher Rolf Singer. Auf diesen Wissenshunger gelte es, individuell einzugehen, anstatt starre Lehrpläne durchzuziehen.

: 6 Ergänze die Wortliste durch weitere wichtige Begriffe aus dem Text.

Prozess	Gedächtnis	deklaratives Lernen
Verschaltungen	Hormone	prozedurales Lernen

: 7 Stelle durch Über-, Unter- und Nebenordnung der Begriffe die Struktur des Textes dar.

: 8 Formuliere stichwortartig drei Kerngedanken des Textes.

ÜBEN UND ANWENDEN:
ARBEITSTECHNIKEN UND METHODEN ZUR TEXTERSCHLIESSUNG UND TEXTAUSWERTUNG

Handy-Kosten: Jugendliche in der Schuldenfalle

Handys gehören inzwischen fest zum Alltag. Das betrifft nicht nur gut verdienende Manager, sondern auch vom elterlichen Taschengeld abhängige Kinder. Doch schnell summieren sich die Kosten für die bequeme Mobilität. Mehr als jeder zehnte 13- bis 17-Jährige in Deutschland hat laut einer Studie des Instituts für Jugendforschung in München Schulden. Zehn Prozent davon
5 fallen durch Handys an. Von einer „Handyseuche" spricht Peter Zwegat, Leiter der Schuldnerberatung Dilab in Berlin. Zu ihm kommen immer mehr Jugendliche und junge Erwachsene mit hohen Telefonkosten. Beträge von bis zu 6.000 Euro hat er schon auf Rechnungen gesehen, im Durchschnitt haben diese Jugendlichen nach seinen Worten Handy-Schulden von mehreren hundert Euro im Monat. „Das Handy ist für viele Jugendliche zwischen 12 und 18 ein
10 entscheidendes Statussymbol", sagt der Marktforscher Dieter Korczak vom Münchner Institut für Grundlagen- und Programmforschung. […] Selbst acht- bis neunjährige Kinder sähen im Taschen-Telefon bereits einen unverzichtbaren Begleiter.

Seien die Schulden erst angefallen, wären die Jugendlichen völlig überfordert, betont Manuela Schulz von der Schuldnerberatungsstelle der Caritas in Berlin. Wenn sich der Anwalt oder
15 ein Inkassobüro melde, um das Geld einzutreiben, schmissen sie die Post in den Müll. „Wenn sie beim ersten Anbieter rausfliegen, gehen sie einfach zum nächsten, weil sie ohne Handy nicht mehr leben können", ist Zwegats Erfahrung. Und mit Zins und Zinseszins seien die Jugendlichen mittendrin in einer munter rotierenden Schuldenspirale, die oft bis zum Verlust der Lehrstelle oder des Arbeitsplatzes führe. Die einzige Chance, eine Schuldenlawine zu vermeiden, sieht
20 Schulz wie die meisten Verbraucherschützer in Prepaid-Handys. Zwar sind die Kosten dort höher, das Guthaben, das abtelefoniert werden kann, ist jedoch vorher festgelegt. Bei Handy-Verträgen hingegen kommt mit der Telefonrechnung die böse Überraschung.

! : 9 Kartografiere den Text. Du solltest die Zusammenhänge zu folgenden Fragestellungen erkennen können:
- Handykosten und Schulden
- Reaktionen der Jugendlichen bei Handyschulden
- Konsequenzen
- Abhilfe

: 10 Notiere die wichtigsten Informationen aus dem Text.

Gold

Der Aufstieg und Fall großer Reiche war eng an die Wirtschaftsysteme auf der Basis von Gold oder Silber gebunden. Wenn Staaten über hohe Goldreserven verfügten, verhalf dies zu Wohlstand und Macht. Wenn sie mit ihren Goldvorräten unbedacht wirtschafteten – diese zum Beispiel für die Kriegsführung verbrauchten oder für Luxus verprassten – dann verspiel-
5 ten sie die Grundlage ihres Wohlstands und leiteten damit nicht selten den Niedergang ihrer Reiche ein.

Im mittelalterlichen Europa waren die Münzen für die Goldwährung zeitweise Mangel-ware – zu groß waren die Verluste von Gold und Münzen über die Jahrhunderte gewesen und zu gering die Zahl der europäischen Abbaugebiete. Nach der Entdeckung Amerikas gingen die
10 Europäer in Südamerika auf die Suche; vor allem die Spanier wurden auf dem neuen Kontinent fündig. Im Laufe von nur zehn Jahren, zwischen 1550 und 1560, wurde das südeuropäische Land um 45 000 Kilo Gold reicher. Spanien untermauerte damit seinen Status als führende Macht des 16. Jahrhunderts. Keine andere Kolonialmacht erbeutete damals so viel Edelmetall in der Neuen Welt. Zu dieser Zeit füllte Gold vor allem in ungemünzter Form die Staatskassen. Doch weiter-
15 hin gab es in den europäischen Ländern die Goldwährung als gültiges Zahlungsmittel.

Das System der Goldwährung bedeutete, dass jede Währungseinheit einer gesetzlich festge-legten Gewichtsmenge an Gold entspricht. 1844 führte die Bank of England als erste Notenbank den Goldstandard ein und erschuf damit das erste international gültige Währungssystem mit Papiergeld auf Goldbasis. In den 1870er-Jahren international etabliert, besagte der Goldstan-
20 dard, dass die Notenbank den Bürgern garantierte, jede Banknote zu einem festen Wechselkurs in Gold zu tauschen. Ab 1900 garantierten so ziemlich alle Notenbanken der Industrieländer einen solchen festen Wechselkurs. Bis 1914 basierte das Weltwährungssystem auf dem Gold-standard.

11   Kläre die Geschichte der Goldwährung. Kartografiere dazu den Text.

12   Vervollständige den Lückentext.

Mächtige Reiche in der Geschichte verfügten in der Regel auch _____

_____. Allerdings war Gold im mittelalterlichen Europa Mangelware,

weil _____

_____. Der Aufstieg Spaniens im 16. Jahrhundert

beruhte auf _____

1844 führte die Bank of England den Goldstandard ein, das bedeutet, dass _____

_____

Dieses System galt in vielen Industrieländern bis _____

ÜBEN UND ANWENDEN:
ARBEITSTECHNIKEN UND METHODEN ZUR TEXTERSCHLIESSUNG UND TEXTAUSWERTUNG

Diskontinuierliche Texte erschließen und auswerten

Reinhold Messner 1978 auf dem Mount Everest (Foto)

Edmund Hillary am 29.5.1953 als Erster auf dem Mount Everest (Zeichnung)

1 Vergleiche das Gipfelfoto und die Zeichnung. Achte besonders auf die

• Bildelemente (Gipfel, Ausrüstung, …)

• Haltung und Gestik der Personen

• Botschaft des Bildes

Mir gefällt das _____ Bild besser, weil _____

80

! 2 Wähle Bildausschnitte zu folgenden Titeln:
- Majestätische Landschaft
- Einsamkeit
- Bedrohlich!
- Ein erfolgreiches Team

Schneide dir aus einem Blatt Masken zurecht, die den Rest des Bildes abdecken. Entscheide auch, ob die farbige oder die schwarz-weiße Version besser geeignet ist.

Bergsteiger im Schnee; Aufstieg zum Glasfelderkopf 2271 m von dem Prinz Luitpold Haus, Bayern, Deutschland

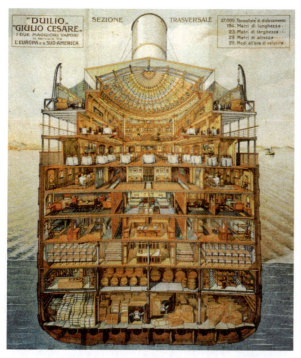

Querschnitt durch ein italienisches Auswandererschiff auf der Route Europa – Südamerika

Deutsche Auswanderer an Bord des Passagierschiffs „Vaterland" der Hamburg-Amerika-Linie um 1900. Sie reisen im Zwischendeck, wo die Überfahrt wesentlich preiswerter ist als in der Kabine.

ÜBEN UND ANWENDEN:
ARBEITSTECHNIKEN UND METHODEN ZUR TEXTERSCHLIESSUNG UND TEXTAUSWERTUNG

: 3 Beschreibe jeweils in zwei bis drei Sätzen, was auf den Bildern (Seite 81 unten) zu sehen ist:

Bild 1:

Bild 2:

: 4 Welche Informationen von den Verhältnissen an Bord eines Auswandererschiffes könnte man entnehmen? Vervollständige die Tabelle.

	BILD 1	BILD 2
als Geschäftsmann, der sein Geld in Auswandererschiffen anlegen will		
als Steuermann, der ein Schiff sucht, auf dem er anheuern kann		
als Reisender, dem es nicht aufs Geld ankommt		
als armer Auswanderer, der möglichst billig reisen muss		
als moderner Schüler, der ein Referat über Auswanderung nach Amerika schreibt		

5 Notiere zu den drei Fotos Stichworte zur Perspektive, Kameraeinstellung und Aussageabsicht.

Marktkirche in Halle an der Saale

6 Vergleiche die Wirkung von Foto und Gemälde unter folgenden Aspekten:

Farben:

Räumlichkeit:

Details:

Gesamtwirkung:

83

Großbritannien und Irland . . . 6 931 590 Personen
Deutschland . . . . 5 044 675 »
Schweden und Norwegen . . . . 1 215 213 »
Österreich-Ungarn . . . . 833 591 »
Italien . . . . 821 752 »
Europ. Rußland . . . . 746 292 »
Frankreich . . . . 400 031 »
Schweiz . . . . 203 808 »
Dänemark . . . . 191 026 »
Niederlanden . . . . 131 012 »
Spanien und Portugal . . . . . 64 378 »
Belgien . . . . 62 527 »
Übrigem Europa . . . . 28 040 »

Zusammen: 16 673 935 Personen.

Amtliche Statistik der Vereinigten Staaten über
die europäische Einwanderung von 1821 bis 1902

Jahre	überhaupt	Darunter über		Es wurden be= fördert insbes. nach den Ver. St. v. Amerika
		Bremen	Hamburg	
1871	76 224	45 658	30 254	73 816
1872	128 152	66 919	57 615	122 282
1873	110 438	48 608	51 432	103 441
1874	47 671	17 907	24 093	45 051
1875	32 329	12 613	15 826	29 390
1876	29 644	10 972	12 706	24 043
1877	22 898	9 328	10 725	19 174
1878	25 627	11 329	11 827	21 783
1879	35 888	15 828	13 165	33 369
1880	117 097	51 627	42 787	114 022
1881	220 902	98 510	84 425	216 544
1882	203 585	96 116	71 164	199 089
1883	173 616	87 739	55 666	167 391
1884	149 065	75 776	49 985	144 818
1885	110 119	52 328	35 335	105 105
1886	83 225	40 224	25 714	78 941
1887	104 787	55 290	22 648	101 051
1888	103 951	52 974	25 402	99 800
1889	96 070	48 972	22 963	90 235
1890	97 103	48 090	24 907	90 290
1871/90	1 968 391	946 798	688 639	1 879 635
1891	120 089	59 673	31 581	108 611
1892	116 339	59 897	28 072	107 803
1893	87 677	39 852	30 510	75 102
1894	40 964	17 269	16 297	34 210
1895	37 498	15 160	13 997	30 692
1896	32 824	12 548	12 324	27 360
1897	24 631	9 559	8 802	19 030
1898	22 221	8 826	8 170	17 272
1899	23 740	9 126	10 660	19 016

Amtliche Statistik zur
überseeischen Auswanderung
deutscher Staatsbürger
von 1871 bis 1902

: 7   Stelle fest, welche Daten die Statistiken enthalten. Zu welchem Zweck könnten sie interessant sein?

Statistik 1: Daten über

Interessieren dafür könnte sich

Statistik 2: Daten über

Interessieren dafür könnte sich

: 8   Berechne aus der Einwandererstatistik die (angenäherten) Prozentzahlen für Großbritannien und Irland, Deutschland, Österreich-Ungarn, Frankreich und die Schweiz. Stelle dein Ergebnis in einem Kreisdiagramm dar. Lege rechts neben dem Diagramm eine Legende an. Arbeite im Heft.

9 Stelle die Daten von 1891 bis 1899 aus der Auswandererstatistik als Balkendiagramm dar. Arbeite im Heft.

10 Ziel der Deutschen Auswanderer-Datenbank ist die Erfassung aller Passagierlisten der Auswandererschiffe, die im Zeitraum von 1820 bis 1939 von vornehmlich deutschen Häfen aus die Vereinigten Staaten von Nordamerika angelaufen haben.

1820–1833
Anzahl der Auswanderer: 37.186

1840–1848
Anzahl der Auswanderer: 282.596

1850–1891
Anzahl der Auswanderer: 3.834.620

1904
Anzahl der Auswanderer: 112.121

1907
Anzahl der Auswanderer: 35.333

Stelle die Auswandererzahlen in einem Balkendiagramm und in einem Kreisdiagramm dar. Welche Form ist geeigneter? Begründe.

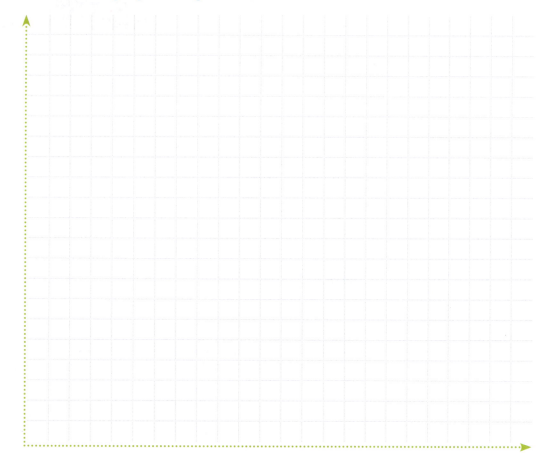

Geeignetere Form und Begründung:

ÜBEN UND ANWENDEN:
ARBEITSTECHNIKEN UND METHODEN ZUR TEXTERSCHLIESSUNG UND TEXTAUSWERTUNG

11 Untersuche das Diagramm. Vervollständige die Tabelle.

ÜBERSCHRIFT	Tiefgekühlt – meist heiß verzehrt
THEMA	
VORWISSEN ZUM THEMA	• Gesundheitswert von Tiefkühlkost (Fisch und Gemüse schockgefrostet sehr gesund)
QUELLE/ABSICHT	dti/
MASSEINHEITEN/ SKALIERUNG	• Zwei-Jahres-Schritte • Pro-Kopf-Verbrauch in einem Jahr in
EINZELINFORMATIONEN	• von 1997 bis 1999 stärkster Anstieg (4,9 kg)
KERNAUSSAGEN	• Der Pro-Kopf-Verbrauch von Tiefkühlkost ist in Deutschland sehr stark angestiegen.
OFFENE FRAGEN	• keine Aufteilung der Tiefkühlprodukte in Grundstoffe und Fertiggerichte • Warum gerade 1997 bis 1999 so großer Anstieg? mehr Produkte? mehr Werbung? Wende im Essverhalten?
BEWERTUNG	• verändertes Kaufverhalten • verändertes Kochverhalten

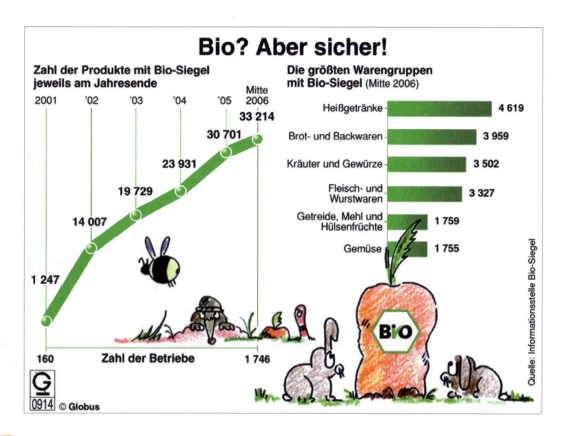

12 Werte das Schaubild aus. Mache dir Notizen zu Einzelinformationen und Kernaussagen, untersuche die Skalierung und überlege, welche Fragen offen bleiben.

13 Verwerte die Aussagen des Schaubilds zu einem Bericht mit dem Titel

BIO auf dem Vormarsch!

ÜBEN UND ANWENDEN:
ARBEITSTECHNIKEN UND METHODEN ZUR TEXTERSCHLIESSUNG UND TEXTAUSWERTUNG

14 Schlage die Begriffe im roten Kreis im Lexikon nach.

Die Nahrung hat Einfluss auf

Acetylcholin, _____

Serotonin, _____

Endorphine _____ ,

die Botenstoffe des Gehirns.

Sie bewirken, dass _____

_____

_____

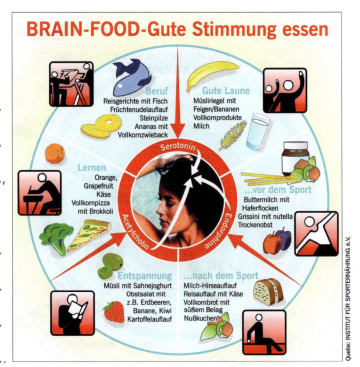

15 Werte das Schaubild „Brain-Food-Gute Stimmung essen" aus und übernimm deine Ergebnisse als Empfehlung zur Ernährung in die Leistungskurve.

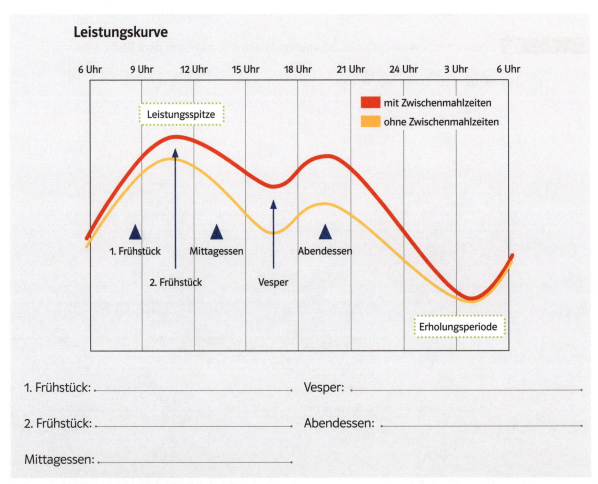

1. Frühstück: _____   Vesper: _____

2. Frühstück: _____   Abendessen: _____

Mittagessen: _____

88

16 Übertrage die Informationen zu den Zusatzstoffen in Lebensmitteln (E-Nummern) in ein Schaubild. Wähle dazu ein aussagekräftiges Hintergrundbild (Zeichnung, Foto, …), verwende Farben und Symbole.

ADHS

Aufmerksamkeitsdefizit-Hyperaktivitätsstörungen (ADHS), die vor allem, aber nicht nur, bei Kindern beobachtet werden, sind auf eine ganze Reihe von Faktoren zurückzuführen. Der Verdacht, dass Lebensmittelzusatzstoffe aus der Gruppe der Phosphate (E 338, E 339, E 340, E 341, E 343, E 450, E 451 und E 452) an der Entstehung der Erkrankung beteiligt seien, konnte jedoch nicht bestätigt werden.

Zahnschäden

Zahnschäden wie Erosionen und Karies werden durch Säuren begünstigt. Viele (zuckerreiche) Erfrischungsgetränke enthalten auch die starke Citronensäure (E 330). Sie ist auf diese Weise oft an der Entstehung von Zahnschäden beteiligt.

Alzheimer

Aluminium steht im Verdacht, an der Entstehung der Alzheimerschen Krankheit beteiligt zu sein. Ob und inwiefern auch die aluminiumhaltigen Lebensmittelzusatzstoffe (E 173, E 520, E 521, E 522, E 523, E 541) dabei eine Rolle spielen, ist noch nicht ausreichend erforscht.

Knochenschäden

Die Phosphate (E 338, E 339, E 340, E 341, E 343, E 450, E 451 und E 452) standen lange Zeit in dem Ruf, Knochenschäden hervorzurufen. Und tatsächlich wurden durch große Mengen Phosphat (1,5 bis 2,5 g pro Tag) ein Abfall des Calciumspiegels und ein Anstieg des Parathormon-Spiegels im Blut beobachtet.

ÜBEN UND ANWENDEN: DIE MATERIALSAMMLUNG

DIE MATERIALSAMMLUNG

Das Thema analysieren und aufschlüsseln

Kleine Körner, große Wirkung

Vollkorn, eine Säule der Vollwerternährung, trägt entschieden zur Versorgung mit Ballaststoffen bei, vor allem ergänzt es die von Obst und Gemüse. Aktuelle Studien zeigen, dass der Verzehr von Müsli und Vollkornprodukten das Diabetes-Risiko um rund 30 Prozent verringert. Bei Obst und Gemüse trat dieser Effekt nicht auf.

5 **Hülsenfrüchte** sind derzeit die Lieblinge der Spitzenköche. Das Beispiel sollte Schule machen, denn die **Bioaktivstoffe von Linsen, Bohnen und Soja** besitzen cholesterinsenkende und krebshemmende Wirkung. Noch konzentrierter stecken die Wirkstoffe in ihren Sprossen.

Die Bioaktiven: Gemüse und Obst

Fünf Portionen Obst und Gemüse täglich empfiehlt die Deutsche Gesellschaft für Ernährung. Aus gutem Grund: Über 250 Studien beweisen, dass Frischkost das Risiko für einige Krebsarten, für Herz-Kreislauf-Erkrankungen und Stoffwechselstörungen senken kann. Jede regelmäßig gegessene Portion Obst oder Gemüse **verringert das Schlaganfallrisiko** um fünf Prozent.

5 Neben Ballaststoffen, Vitaminen und Mineralstoffen sind vor allem Bioaktivstoffe wie Aromen, Düfte und Farben für die gesunde Wirkung verantwortlich. Ihre Entdeckung lieferte die besten Argumente für eine vollwertige Ernährung. Denn die meisten Substanzen sitzen in und unter der Schale. Allein durch das Schälen verliert ein Apfel bereits 35 Prozent seiner antioxidativen Wirkung.

10 Eine aktuelle Studie zeigt: Je mehr unterschiedliche Gemüse wir essen, umso höher ist der Schutz für die Erbsubstanz unserer Zellen. Vermutlich liegt auch das an den Tausenden von Bioaktivstoffen.

Besser als Pillen

Sind **Vitamine und Mineralstoffe aus Tabletten** nicht ebenso gut? Die Wissenschaft sagt: Tabletten sind nur dann sinnvoll, wenn trotz ausgewogener Ernährung Defizite bestehen wie etwa bei Folsäure in der Schwangerschaft. Ansonsten sind Gemüse, Obst und Vollkorn jeder Vitamin- und Mineralstoffpille überlegen. Denn Frischkost liefert zusätzlich Bioaktiv- und Ballaststoffe, zum 5 anderen fördern ihre Vitalstoffe sich gegenseitig.

Breit angelegte Befragungen ergaben, dass Menschen, die in mittleren Jahren reichlich Vitamin A, C und E durch Lebensmittel aufnahmen, später **besser geschützt sind vor hohem Blutdruck und Cholesterinspiegel**, vor Infarkten und vermutlich sogar vor Alzheimer. Bei Vitamingaben durch Pulver und Pillen treten diese Effekte nicht auf. Allein 34 Studien beweisen, dass isolierte 10 Antioxidantien keine Gesundheitswirkung zeigen.

Natur vom Tier

Vollwert ist nicht vegetarisch, aber Fleisch und Eier werden in geringerem Maß gegessen als bei einer konventionellen Ernährung: Eier ein- bis zweimal die Woche, Fleisch nicht täglich und in kleinen Portionen.

Tierische Produkte, auch Milch, sollten aus **artgerechter Tierhaltung** stammen. Wegen der 5 prekären Situation der Meere liegt die Vollwert-Empfehlung für Fischverzehr bei einmal pro Woche und zwar aus **bestanderhaltender Fischerei** (MSC-Siegel) oder Fischen aus **Biozucht**.

1 Fertige zum Thema „Vollwertküche" eine Gliederung auf der Grundlage der Texte an. Falls nötig, schaltest du den Schritt der Mind-Map dazwischen. Arbeite im Heft.

Texte kommentieren und bewerten

Text 1 — Frauen in China

Dieser Beitrag zeigt auf, wie im gleichen Land Frauen und Familien unterschiedlich leben und wie das friedlich-harmonische Gemeinschaftsleben von ein paar Männern zugunsten von Armut, Elend und Verzweiflung zerstört wurde und wird.
Das Patriarchat in China ist keine Ausnahme, in anderen Industrieländern zeigt es sich nur anders.

Patriarchales China

In China steigt die Selbstmordrate. Über 300 000 Chinesinnen nehmen sich jedes Jahr das Leben, schätzt die Weltgesundheitsorganisation (WHO). Und im Gegensatz zum Rest der Welt, wo es genau umgekehrt ist, bringen sich in China mehr Frauen als Männer um. Die Zahl der missglückten Suizide schätzt man auf ein bis zwei Millionen. Jede zweite Selbstmörderin der Welt ist Chinesin. Auf dem Land, wo 74 Prozent der chinesischen Bevölkerung leben, ist die Lage am schlimmsten. Oft werden die Suizide als Unfall registriert, weil die Schande als zu groß empfunden wird. In China ist Selbstmord ein Tabu.

aus: www.matriarchat.net vom 28.05.2006

Kommentar zu Text 1:

Aktualität:

Textart:

Glaubwürdigkeit:

Absichten:

Bewertung:

Text 2 — Die Gleichberechtigung der Geschlechter und die Entwicklung der Frauen in China

Vorwort

China ist das meistbevölkerte Entwicklungsland der Welt, und Frauen machen etwa die Hälfte der Gesamtbevölkerung von 1,3 Milliarden aus. Die Förderung der Gleichberechtigung der Geschlechter und der umfassenden Entwicklung der Frauen hat nicht nur für die Entwicklung Chinas große Bedeutung, sondern auch auf den Fortschritt der Menschheit einen speziellen Einfluss.
Die Förderung der Gleichberechtigung von Mann und Frau stellt eine grundlegende staatliche Politik Chinas dar. Seit der Gründung des Neuen China im Jahr 1949, und insbesondere seit der Einführung der Reform- und Öffnungspolitik Ende der 70er Jahre des 20. Jahrhunderts, sind gleiche Rechte und Chancen für Frauen und Männer durch das kontinuierliche Wachstum der Wirtschaft Chinas und den umfassenden Fortschritt der Gesellschaft gewährleistet. Die Entwicklung der Frauen hat noch nie dagewesene Chancen bekommen.

Presseamt des Staatsrats der Volksrepublik China (August 2005, Beijing), aus: www.china.org.cn vom 28.05.2006

ÜBEN UND ANWENDEN: DIE MATERIALSAMMLUNG

Kommentar zu Text 2:

Text 3

Tibetischer Frauenverband zum neuen Weißbuch „Gleichstellung und Förderung der Frauen in China"

Ein alternativer Bericht über die Gleichstellung der Frauen in China

■ **18. Oktober 2005** – Das von der Pressestelle des Staatsrates der VR China veröffentlichte Weißbuch zur „Gleichstellung und Förderung der Frauen in China" enttäuscht die in es gesetzten Erwartungen und erreicht auch nicht das Format, wie man es bei einem staatlichen Dokument voraussetzen sollte. Wieder einmal zeigt sich China von seiner hässlichen Seite und brüstet sich am Ende gar noch mit seinen Defiziten.

Gleich am Anfang des Vorwortes heißt es, dieses Weißbuch komme zum zehnten Jahrestag der Weltfrauenkonferenz der UNO heraus, die 1995 in Peking stattfand. Ziel der Veröffentlichung des Weißbuches sei es, „den Rest der Welt über Chinas Fortschritte bei der Gleichstellung der Geschlechter und der Verbesserung der Lage der Frauen während des vergangenen Jahrzehnts in Kenntnis zu setzen". Da China mit 1,3 Milliarden Menschen, von denen ungefähr die Hälfte Frauen sind, das bevölkerungsreichste Land der Welt ist, sei es wesentlich, die Sache der Gleichberechtigung voranzubringen, außerdem seien Fortschritte auf diesem Gebiet ja nicht nur für China, sondern für die gesamte Menschheit von großer Bedeutung.

Dieses Papier ist viel zu theoretisch gehalten, und jedes einzelne Kapitel kann leicht widerlegt werden. Die UN-Weltfrauenkonferenz in Peking 1995 hat weder in China noch Tibet den gewünschten Prozess der Gleichstellung der Geschlechter in Gang gesetzt. Die Weigerung, tibetischen Delegierten aus Indien Visa auszustellen, ist hierfür bezeichnend.

Tibetan Womens' Association (TWA), aus: www.tibet-initiative.de vom 28.05.2006

✳ **Weißbuch:** Dokumentensammlung, von der Regierung eines Staates veröffentlicht, um Orientierung über politische Fragen zu geben, die meist die Außenpolitik betreffen. Oft dient das der Rechtfertigung des eigenen politischen Handelns.

Kommentar zu Text 3:

: 1   Kommentiere und bewerte mithilfe des Rasters die drei Texte auf Seite 91 und 92.

: 2   Fasse die wichtigsten Informationen zu den drei Texten in der Tabelle zusammen.

	TEXT 1	TEXT 2	TEXT 3
WER?			
INFORMATIONEN			
ABSICHT			

: 3   Notiere mithilfe der Tabelle und deiner Kommentare Argumente zu der Behauptung „Eine Gleichberechtigung von Männern und Frauen ist in China noch lange nicht erreicht".

: 4   Überlege dir, wie ein Inhaltverzeichnis zu einer Materialsammlung zu dem Thema „Frauen in China" aussehen könnte. Suche dazu weitere Texte, bearbeite und kommentiere sie.
Berücksichtige folgende Aspekte:
- Frauen in der Familie
- Frauen im Beruf
- Bildung
- Sport
- verschiedene Altersgruppen

LÖSUNGEN

Seite 38, Aufgabe 1

erster Text: rechtliche Grundlagen für die Geschäftsfähigkeit;
zweiter Text: Konsum und steigende Kosten, Schutz der Minderjährigen in Bezug auf Bankgeschäfte

Seite 39, Aufgabe 2

Minderjährige: unter 18-Jährige, **Paragraf:** fortlaufend nummerierter Absatz in Gesetzestexten; **Geschäftsfähigkeit:** Fähigkeit, selbstständig rechtswirksame Willenserklärungen abgeben zu können, Kinder unter 7 Jahren geschäftsunfähig; Kinder von 7 bis 17 Jahre beschränkt geschäftsfähig (Verträge/Kontoeröffnung mit Einverständnis der Eltern, Vertrag „schwebend unwirksam" bis zur Einverständniserklärung der Eltern, gilt für alle täglichen Bankgeschäfte); **Taschengeldparagraf:** § 110 BGB, kleinere, alltägliche Geschäfte ohne Genehmigung der Eltern möglich, Jugendliche frei über Taschengeld verfügen, gilt nicht für Bankgeschäfte
zweiter Text: Z. 1–12: Was machen Jugendliche, wenn Kosten steigen? → Nebenjob, Kredit, Konsumverzicht/Warten; Z. 13–22: Dispositionskredit für Jugendliche? → seit 1995 Schutz der Minderjährigen in Bezug auf Bankgeschäfte (Konto auf Guthabenbasis, Verzicht auf Transaktionen, die zu einer Kreditaufnahme führen können); Z. 23–33: Schuldenfalle Handy? → möglich durch verzögerte SMS-Abrechnungen auf PrePaid-Karten, Eltern Verantwortung

Seite 39, Aufgabe 3

Zahlenstrahl, um Zusammenhang Alter und Geschäftsfähigkeit darzustellen; **Flussdiagramm,** um Ursache-Wirkungs-Zusammenhänge bei Bankgeschäften darzustellen oder um zu zeigen, was Jugendliche bei steigenden Kosten machen; **Mind-Map,** um die wesentlichen Begriffe aus beiden Texten zu ordnen

Seite 40, Aufgabe 4

Anfertigen eines Précis: Ausgangstext auf ein Drittel kürzen, Originaltext so weit wie möglich beibehalten, Ergebnis = kurzer, zusammenhängender Text; **Exzerpieren:** Kürzung des Textes um unwesentliche Details, Quelle, Thema, wesentliche Thesen, wörtliche Zitate, Kommentare zum Text, Querverweis zu anderen Texten notieren, Ergebnis = Texterschließungsbogen; **Konspektieren:** logische Bezüge durch Platzierung von Begriffen zeigen, Ergebnis = Strukturierung von Gedankengängen eines Textes mithilfe von Linien und Pfeilen; **Kartografieren:** Kennzeichnung von Zusammenhängen zwischen den Schlüsselbegriffen im Text selbst, Ergebnis = Landkarte über dem Text aus farbigen Verbindungslinien und Markierungen

Seite 40, Aufgabe 5

Quelle: André Fourcans: Die Welt der Wirtschaft, Campus Verlag, Frankfurt a.M. 1998, Seite 43–47
Thema: Entwicklung des Geldverkehrs
- historische Zahlungsmittel: Naturalien, Gold, Silber, Kupfer; erste Münzen 7 Jh. v. u. Z. in Kleinasien, im Mittelalter Geldstücke mit Profil des Lehnherrn; früher Warenaustauschsystem, schwierig, genau den richtigen Tauschpartner zu finden
- Vorteile des Geldes: Tauschmittel (einfacher abzurechnen), Rechnungseinheit (einfacher, den Wert von Gütern zu bemessen), Wertreserve
- staatliches Monopol, früher Münzen, jetzt Geld in Umlauf zu bringen
- mit Entwicklung der Banken Geldeinlagen (Verwendung von Schecks und elektronische Zahlungsmittel)
- Bundesbank legt fest, wie viel Geld benötigt wird, damit Banksystem funktioniert

Kommentar: Funktion der Banken und Geldkreislauf kommen zu kurz, Text zeigt eher historische Entwicklung
Querverweis zu anderen Texten: Geld S. 14, Was war vor dem Geld? S. 14, Der Kreislauf des Bargeldes S. 18, Das Girokonto S. 19, Was war vor dem Geld? S. 14, 26, Wissen im Überblick: Das Geld S. 68 f.

Seite 42, Aufgabe 6

Früher dienten Naturalien als Zahlungsmittel, später aus Metall geprägte Münzen. Die Menschen tauschten schon damals Waren miteinander aus. Dies ist aber kompliziert, wenn der Austausch zwischen Leuten stattfindet, die sich nicht kennen, wenn es nicht so einfach ist, sich über den Wert der Waren zu verständigen oder wenn es um eine große Menge von Waren geht. Deswegen ist es einfacher, mit Geld zu handeln. Das Geld hat drei wichtige Funktionen: als Tauschmittel (um miteinander abzurechnen), als Rechnungseinheit (um den Wert von Gütern zu bemessen) und als Wertreserve. Die Staaten haben das Monopol, Geld in Umlauf zu bringen. Durch die Entwicklung der Banken kommen mit der Verwendung von Schecks und elektronischen Zahlungsmitteln Geldeinlagen hinzu. Die Bundesbank ist dafür verantwortlich, dass das Banksystem funktioniert.

Seite 42, Aufgabe 7

in Deutschland acht Millionen unter Armutsgrenze, darunter drei Millionen Kinder; **arme Kinder und Jugendliche:** nachgewiesen schlechtere Gesundheit, mehr Unfälle, schlechtere Zähne; **Teufelskreis für gesundheitlich beeinträchtigte Arbeitslose:** finden schlechter Arbeit → psychische Belastung → Verschlechterung des Gesundheitszustandes → Verarmung → sterben früher

Seite 43, Aufgabe 8

Beispiele: Schlüsselbegriff: Auswirkungen von Armut auf Gesundheit, Verbindungen zu: mehr Unfälle, schlechtere Zähne, sterben früher; Schlüsselbegriff: Langzeitarbeitslose, Verbindungen zu: Armut, Sozialhilfeniveau, Teufelskreis, Gesundheitszustand, Verarmung, Geldschulden, gesellschaftliche Stigmatisierung, sozialer Abstieg, psychische Belastungen

Seite 43, Aufgabe 9, 10

wichtige Stichworte: öffentliche und private Haushalte Schulden, bei den Bundesländern Nordrhein-Westfalen Spitzenreiter, wobei auch das bevölkerungsreichste Bundesland; im Verhältnis zu Größe fällt besonders Berlins Verschuldung auf; Verschuldung der privaten Haushalte nimmt zu; die meisten Haushalte zwischen 2500 und 50 000 Euro Schulden; auffällig besonders auch Verschuldung der 21- bis 24-Jährigen mit 2170 Euro

Seite 44, Aufgabe 11

wichtige Stichworte: Zuckerverbrauch in allen Ländern im Vergleich zu 1961 gestiegen, besonders starker Anstieg in den USA, die auch den deutlich höchsten Verbrauch von 71,9 kg im Jahr je Einwohner haben, im europäischen Vergleich Zuckerverbrauch in Deutschland und Frankreich in etwa gleich angestiegen (um ca. 10 kg je Einwohner im Jahr), Dänemark liegt mit 54,3 kg pro Jahr und Einwohner an erster Stelle, aber der Verbrauch ist seit 1961 kaum angestiegen

Seite 44, Aufgabe 12 und 13

Rolltreppe zum Fitnessclub widerspricht sich, Sport und Abnehmen sollte im Alltäglichen beginnen, beim Treppensteigen kann man auch Kalorien verbrennen, Foto mit englischer Schrift, soll also in Großbritannien oder USA sein, Zuckerverbrauch pro Kopf in USA besonders hoch, dort sicher auch mehr Übergewicht

Seite 63, Aufgabe 1, 2

Thema analysieren und aufschlüsseln, Texte suchen und Quellen notieren, auswählen, erschließen, kommentieren und bewerten, Texte aussortieren und ordnen, Inhaltsverzeichnis anlegen

Seite 63, Aufgabe 3

Aktualität, Textart, Glaubwürdigkeit, Absicht

Seite 63, Aufgabe 4

Aktualität: Tagesspiegel 2003 (nicht so schlimm, da wenig Fakten, die veralten könnten); **Textart:** Reportage aus Zeitung; **Glaubwürdigkeit:** Zeitung → Objektivität und journalistische Sorgfalt; **Absichten:** andere interessieren für das Schicksal armer Kinder in Deutschland, informieren; **Bewertung:** Schilderung der Auswirkungen von Armut, zeigt Zusammenhänge

TEXTVERZEICHNIS

Kontinuierliche Texte

zum Thema „China":

China: Umwelt-Technik sichert allgemeines Wachstum 51
Chinas Umwelt leidet unter Wirtschaftsboom 58
Die Gleichberechtigung der Geschlechter in China 91
Frauen in China 91
ispo china und Sanfo: Gemeinsam für den Umweltschutz 60
Patriarchales China 91
Aus der Rede des chinesischen Botschafters Ma Canrong 61
Tibetischer Frauenverband zum neuen Weißbuch 92
Umwelt 59
Verwüstung, Überdüngung und Pestizide 58
Vorschriften werden nicht umgesetzt 58

zum Thema „Ernährung":

Besser als Pillen 90
Die Bioaktiven: Gemüse und Obst 90
Hamburger statt Magerquatsch 22 f.
Kaffee - Besser als sein Ruf 74
Kleine Körner, große Wirkung 90
Natur vom Tier 90
Schönheitsideale früher und heute 20 f.

zum Thema „Wirtschaft", „Konsum", „Armut", …:

Das Girokonto 19
Der Fall Daniela 16
Der Kreislauf des Bargeldes 18
Der Markt, die Preise und die Inflation 72
Eine Million Jugendliche arm 16
Geld 14
Gold 79
Grundlagen der Marktwirtschaft 24 f.
Handy-Kosten: Jugendliche in der Schuldenfalle 78
Ihr Geld interessiert uns 40
Jedes zweite Kind lebt in Armut 64
Jugendliche und Schulden 38
Kinder und Konsum 15
Künftig werden noch mehr in Armut leben 42
Rechtliche Grundlagen und Positionen 38
Schuldnerberatung 27
Was war vor dem Geld? 14, 26
Weitere Möglichkeiten, an Geld zu kommen 19
Wissen im Überblick: Das Geld 68 f.

Diskontinuierliche Texte

Bilder:

Bergbesteigung 81
Blumen 83
Cartoon „Abfall oder Verbraucher" 31
Deutsche Auswanderer an Bord 81
Edmund Hillary 80
Fitness 44
Frühstück 28
Gastmahl 30
Greenpeace 31
Marktkirche in Halle an der Saale 83
Querschnitt durch italienisches Auswandererschiff 81
Reinhold Messner 80
Sturm im Zwischendeck 65

Diagramme und Schaubilder:

Bio? Aber sicher! 87
Brain-Food-Gute Stimmung essen 88
Index der Erzeugerpreise gewerblicher Produkte 36
Kaufkraft der Kids 37
Kids-Verbraucher-Analyse 35
Kreislauf des Bargeldes 34
Leistungskurve 88
Süßer Genuss 44
Tiefgekühlt - meist heiß verzehrt 86

Statistiken:

Europäische Einwanderung von 1821 bis 1902 84
Überseeische Auswanderung von 1871 bis 1902 84
Armut 32
Einwohner in den Stadtteilen Kölns 2004 und 2006 9
Schulden der öffentlichen Haushalte 43
Überschuldete Haushalte in alten Bundesländern 43
Überschuldete Haushalte in Deutschland 43
Verschuldung Jugendlicher 43

Textquellen:

S. 6: Etwa 37 Prozent der erwachsenen Männer ... Unter: http://www.phoenix.de/113291.htm; © dpa/AP/Reuters/afp; Dein Körper reagiert sofort ...; unter: http://www.ikk.de/spleensV2/generator/SpleensV2/de__DE/00__site/02__health/06__Rauchen/Rauchen,parentPage=44276,articleId=115736.html; Mit diesen Tricks können Sie ...; Unter: http://www.rauchfrei.de/rauchen.htm, Weniger Rauchen; ©1999-2008 www.Rauchfrei.de - Das Nichtraucher Portal; – S. 7: Tabak, Blätter bestimmter Arten ...; Unter: http://de.encarta.msn.com/encyclopedia_761562287/Tabak.html, Microsoft ® Encarte ® Online-Enzyklopädie 2007 © 1997-2007 Microsoft Corporation. (Stand: 18.07.2008); Rauchen in der Öffentlichkeit, ...Unter: http://www.buzer.de/gesetz/2319/a32958.htm (Stand: BGBl. I 2008, Nr. 33, S. 1505-1580, ausgegeben am 31.07.2008); – S: 8: Unter: http://home.arcor.de/reisner/lernorte/html/spuren-home.html; – S. 10: Unter: http://www.polizei.hessen.de/internetzentral/nav/3a7/3a770ee1-825a-f6f8-6373-a91bbcb63046.htm, © Hessisches Landeskriminalamt, Wiesbaden; – S. 11: Unter: http://www.geo.de/GEOlino/mensch/berufe/4827.html, © Gruner + Jahr, Hamburg, Text von Esther Gusewski; – S. 12: Unter: http://www1.polizei-nrw.de/im/polizeiberuf/article/Ausbildung.html, © Innenministerium Nordrhein-Westfalen, Referat Öffentlichkeitsarbeit, Düsseldorf; – S. 14: Begriffserläuterung zu Geld; aus: Schülerduden. Die Wirtschaft, Dudenverlag, Mannheim 1992, Seite 147f.; Was war vor dem Geld? Unter: http://www.tk-logo.de/aktuelles/thema-der-woche-03/tewo-43kw-03-geld.htmlm, Dr. Alexander Stahr, Techniker Krankenkasse, Hamburg; – S. 15: Unter: http://www.daserste.de/moma/servicebeitrag_dyn-uid,7f3l4gt3vrq90tah-cm.asp vom 1.6.2004; © Edda Müller, Verbraucherzentrale des Bundesverbandes; – S. 16: Eine Million Jugendliche arm; Aus: Süddeutsche Zeitung vom 31.01.2002, S. 5; Der Fall Daniela: Aus: Tagesspiegel vom 17.09.2003, Autorin: Kerstin Decker; – S. 18: Aus: Unser Geld, Ein Heft für die Schule Sek. I, Ausgabe 2003/2004, hrsg. im Auftrag der AG zur Förderung der wirtschaftlichen und sozialen Bildung e.V., Bonn, von Dr. Adalbert Kitsche und Prof. Dr. Heinz Marktmann und der deutschen Bundesbank, S. 9; – S. 19: Das Girokonto; Aus: Was ist was? Geld (Bd. 78), Tesloff, Nürnberg 2002, S. 41; Weitere Möglichkeiten, an Geld zu kommen: Jobs; Unter: http://one.xthost.info/ferienjobs/; – S. 22: Aus: FAZ vom 22.09.2006, Nr. 221, S. 7; – S. 24 f.: Aus: André Fourcans: Die Welt der Wirtschaft, Aus dem Französischen von Sabine Schwenk, Campus Verlag, Frankfurt a.M. 1998, S. 41f.; – S. 26: Unter: http://www.tk-logo.de/aktuelles/thema-der-woche-03/tewo-43kw-03-geld.htmlm, Dr. Alexander Stahr, Techniker Krankenkasse, Hamburg; – S. 27: Unter: Quelle: http://www.katholische-kirche.de/10470.html (leicht verändert), Online-Redaktion Katholisch.de, Schönhauser Straße 8, 50968 Köln; – S. 32: Statistik: Aus: Künftig werden noch mehr in Armut leben (gekürzt und verändert), Ökumenischer Gesprächskreis Kirche und Gewerkschaft informiert bei einem Vortragsabend, in: Fränkische Nachrichten vom 05.11.2003, S. 3; – S. 38 f.: Rechtliche Grundlagen und Positionen; Aus: Verlautbarungen des Bundesaufsichtsamtes für Kreditwesen, unter: http://ftp.learnline.de/angebote/juverbraucher/medio/geschaeftsfaehigkeit.htm (Stand:18.07.2008), © learn:line, Nordrhein-westfälischer Bildungsserver, hrsg. vom Landesinstitut für Schule/Qualitätsagentur (LfS/QA), Soest; Jugendliche und Schulden; Aus: Zeitschrift Bildung + Soziales vom 27.05.2005, Stiftung Warentest, Berlin; – S. 40 f.: Aus: Fränkische Nachrichten vom 05.11.2003, S. 3; – S. 43: Aus: Statistische Ämter des Bundes und der Länder, Stand 18.10.2007, unter: http://www.statistik-portal.de/Statistik-Portal/de_jb24_jahrtab59.asp, Statistische Ämter des Bundes und der Länder, E-Mail: Statistik-Portal@stala.bwl.de; Aus: Schuldenreport 2006, Hrsg. v. d. Verbraucherzentrale e. V. Verbraucherzentrale Bundesverbandes zur Verbraucherpolitik (vzbv); Aus: Synovate GmbH München 2003; – S. 58: Unter: http://www.tagesschau.de/aktuell/meldungen/0,1185,OID5597420_TYP6_THE_NAV_REF1_BAB,00.html, Online-Artikel vom 05.05.2006 © tagesschau.de; – S. 59: Unter: http://de.wikipedia.org/wiki/Volksrepublik_China#Umwelt; – S. 60: ispo china und Sanfo: Gemeinsam für den Umweltschutz; Unter: http://www.ispochina.com/link/en/17383246#17383246, ispo china, © Messe, München GmbH; – S. 61: Unter: http://www.china-botschaft.de/det/ds/t332833.htm 8.4.2008; – S. 64: Aus: Cannstatter Zeitung vom 10.12.2004, S. 12 (geändert und gekürzt); – S. 65: Aus: Hoerder, Dirk/Knauf, Diethelm (Hrsg.): Aufbruch in die Fremde. Europäische Auswanderung nach Übersee, Edition Temmen, Bremen 1992, S. 106-108; – S. 67: Aus: GeoWissen Nr. 40, Sprache, Gruner + Jahr AG & Co KG, Hamburg, S. 40; – S. 70 f.: aus: GEO Nr. 10/Oktober 2004, S. 174; – S. 72: Aus: Fourcans, André: Die Welt der Wirtschaft, Aus dem Französischen von Sabine Schwenk, Campus Verlag, Frankfurt a.M. 1998, S. 35-39; – S. 74: aus: Focus 44/2006, Autor: Sebastian Jutzi, S. 92f.; – S. 76 f.: Aus: Unterricht Biologie, Erhard-Friedrich-Verlag Velber, Nr. 172, 16. Jg., S. 4 f.; Lernen-Erinnern-Träumen, Hrsg.: Bernd Löwee, Heft 1, Bundesministerium für Bildung und Forschung, Referat Öffentlichkeitsarbeit, Ausgabe Juni 2006, S. 21-23; Wie das Lernen gelingt, von A. Rigos; – S. 78: Unter: http://www.poolalarm.de/kinderschutz/news/schuldenfalle, © Verein zum Schutz gefährdeter Kinder i.G., Berlin; – S. 79: Unter: http://www.planet-wissen.de/pw/Artikel,,,,,,,4CC8F40CE4502CC2E0440003BA5E08BC,,,,,,,,.html vom 04.05.2008, Autorin: Corinna Wawrzyniak; – S. 89: Unter: http://www.zusatzstoffe-online.de/information/682.doku.html vom 21.9.2006; © Copyright 2000-2008 Die Verbraucher Initiative e.V.; – S. 90: Aus: essen & trinken, 04/08, Gruner + Jahr AG & Co KG, Hamburg, S. 54, 56; – S. 91: Frauen in China; Unter: http://www.matriarchat.net/grundlagen/zusammenleben/frauen_in_china.html vom 28.02.2006, Hannelore Vonier, Kissimee, Florida, USA; Die Gleichberechtigung ...; Unter: http://www.china.org.cn/german/193574.htm vom 05.09.2005 © China Internet Information Center; – S. 92: Unter: http://www.tibetswiss.com/de/de-temp_news/2005/11.05/14.11.05/Alternativer.html, vom 18.10.2005, Übersetzung von Irina Raba, Augsburg und Adelheid Dönges, München © Tibetan Community in Switzerland and Liechtenstein 2002

Bilquellen:

S. 10 Hessisches Ministerium des Innern u. für Sport, La, Wiesbaden; – S. 12 Tack, Jochen, Essen; – S. 15 Corbis, Düsseldorf; – S. 20 AKG (Erich Lessing), Berlin; Corbis (Francis G. Mayer), Düsseldorf; AKG, Berlin; Corbis (Bettmann), Düsseldorf; – S. 21 Picture-Alliance (Stefan Rousseau, Fiona Hanson), Frankfurt; – S. 22 Pictur-Alliance (Fiona Hauson), Frankfurt; The Associated Press GmbH (Rob Griffith), Frankfurt am Main; – S. 24 aus: André Fourcans: Die Welt der Wirtschaft. Campus Verlag, Frankfurt a. M./New York 1998, S. 28 (Abb. 11, Silke Reimers). – S. 28 Corbis (Matthew Klein), Düsseldorf; StockFood GmbH (Bodo A. Schieren), München; Mauritius (age fotostock), Mittenwald; – S. 30 AKG, Berlin; Zentralbibliothek Zürich, Ms. A 5, S. 121; – S. 31 CCC, www.c5.net (Sakurai), Pfaffenhofen a.d. Ilm; Greenpeace (Holde Schneider), Hamburg; – S. 34 Arbeitsgemeinschaft zur Förderung der wirtschaftlichen und sozialen Bildung e.V, Bonn; – S. 44 GLOBUS Infografik GmbH, Hamburg; – S. 47 Heimdall Verlag (Astrid Ullsperger), Witten; – S. 49 Argo-Verlag, Marktoberdorf; – S. 71 Avenue Images GmbH, Hamburg; – S. 74 AKG (Erich Lessing), Berlin; – S. 80 MMM Messner Mountain Museum, Bozen; Titelseite der „La Domenica del Corriere" am 14.6.1953; – S. 81 Süddeutsche Zeitung Photo (Scherl), München;Ullstein Bild GmbH (Imagebroker.net), Berlin; – S. 83 Klett-Archiv (Thomas Lederer), Stuttgart; AKG (Schuetze/Rodemann), Berlin; AKG, Berlin;© VG Bild-Kunst, Bonn 2008; –S. 86/87 GLOBUS Infografik GmbH, Hamburg; – S. 88 Institut für Sporternährung e. V., Bad Nauheim; – S. 91 Corbis (Morton Beebe), Düsseldorf

Nicht in allen Fällen war es uns möglich, den Rechteinhaber der Texte und Abbildungen ausfindig zu machen. Berechtigte Ansprüche werden selbstverständlich im Rahmen der üblichen Vereinbarungen abgegolten.

1. Auflage   1 8 7 6 5 4 | 21 20 19 18 17

Alle Drucke dieser Auflage sind unverändert und können im Unterricht nebeneinander verwendet werden.
Die letzte Zahl bezeichnet das Jahr des Druckes.

Das Werk und seine Teile sind urheberrechtlich geschützt. Jede Nutzung in anderen als den gesetzlich zugelassenen Fällen bedarf der vorherigen schriftlichen Einwilligung des Verlages. Hinweis §52a UrhG: Weder das Werk noch seine Teile dürfen ohne eine solche Einwilligung eingescannt und in ein Netzwerk eingestellt werden. Dies gilt auch für Intranets von Schulen und sonstigen Bildungseinrichtungen. Fotomechanische oder andere Wiedergabeverfahren nur mit Genehmigung des Verlages.

Auf verschiedenen Seiten dieses Heftes befinden sich Verweise (Links) auf Internet-Adressen. Haftungshinweis: Trotz sorgfältiger inhaltlicher Kontrolle wird die Haftung für die Inhalte der externen Seiten ausgeschlossen. Für den Inhalt dieser externen Seiten sind ausschließlich die Betreiber verantwortlich. Sollten Sie daher auf kostenpflichtige, illegale oder anstößige Inhalte treffen, so bedauern wir dies ausdrücklich und bitten Sie, uns umgehend per E-Mail davon in Kenntnis zu setzen, damit beim Nachdruck der Verweis gelöscht wird.

© Ernst Klett Verlag GmbH, Stuttgart 2008.
Alle Rechte vorbehalten. www.klett.de

Autoren: Beate Döring, Tübingen; Rita Haller, Freiberg

Redaktion: Susanne Altmann-Liebold
Herstellung: Carina Riehl

Gestaltung: one pm Grafikdesing Petra Michel, Stuttgart
Illustrationen: Inge Voets, Berlin
Satz: Markus Schmitz, Büro für typografische Dienstleistungen, Altenberge
Reproduktion: Meyle + Müller Medien-Management, Pforzheim
Druck: Druckhaus Götz GmbH, Ludwigsburg

Printed in Germany
ISBN 978-3-12-314035-8